愛するということ

「自分」を、そして「われわれ」を

Bernard Stiegler

Aimer, s'aimer, nous aimer

ベルナール・スティグレール

ガブリエル・メランベルジェ+メランベルジェ眞紀 訳

新評論

Bernard STIEGLER

"AIMER, S'AIMER, NOUS AIMER"

日本の読者への序文

本書『愛するということ――「自分」を、そして「われわれ」を』を書き上げたとき私は、二〇〇二年のフランス大統領選で国民戦線に投票した人たち*に向けて献辞〔本書一八頁〕を書きました。その人たちがこの本を読むとは思えませんでしたが、この献辞を入れることで、私は**私の**読者たちにもメッセージを送った

＊国民戦線を支持した人たち　二〇〇二年四月二一日のフランス大統領選挙第一回投票で、極右政党である「国民戦線 Front National」の党首ジャン゠マリー・ルペンは一六・八六％の投票を得て、当時の首相ジョスパン（一六・一八％）を押さえ決戦に進出した。シラクとの決選投票では敗れたものの、このときもルペンは全投票者の一七・七九％から支持を得た。たとえそれらの票がフランス社会や政治、ＥＵ政策などへの不満表明であったとしても、票の行き先として人種差別や移民排斥主義を公言して憚らない政党を選ぶ人たち――そこまで追いつめられた人たちが国民の一七％にも及んだのである。このことは、国の内外に大きなショックを与えた。

のです。私の読者たちというのは、一般的に言って、国民戦線の支持者からとても——あまりにも——かけ離れたところにいる人たちです。でも今日、**現実的に思考しようと**するなら、つまり**社会の未来**を考えようとするなら、まず国民戦線（に限らず、いまや世界中に広がる排他的な反動主義勢力）の支持者たちのことを考えなければならないのだ、と私は読者たちに伝えたかったのです。

この献辞において、私たちと国民戦線の支持者たちの互いの「苦しみ」は遠い彼方で収斂するはずだと書きながら私は、彼らのことを考えることで、もし可能であるなら、彼らと共に考えたいと思いました。そして、独断的でなくより寛大に思考することを学びたいと私自身思っただけでなく、政治家たちもそのことに気付いて欲しいと願ったのです。

この本のもとになった講演を構想したのは、社会が三つの事件のショックからまだ醒めやらぬ時期（二〇〇二年春）でした。それらの事件とは、二〇〇一年九月一一日のテロ、二〇〇二年四月二一日のフランス大統領選第一回目投票で、極右政党である国民戦線の党首が二位に付けたこと、そしてその直前の同年三月二六日に、リシャール・デュルンという青年がパリ郊外のナンテールで引き起こした市議会襲撃事件です。絶望し、逆上した人たちによって引き起こされた三つの悲劇（これらは数多の事件の三つの際立った例であるにすぎないのですが）は、個別の事情はともあれ、根幹においては互いに無関係ではないように私には思われたのです。

二〇〇二年四月二一日、大統領選で社会党より極右政党の方に多くの票が集まったという事実を民主主義の危機とみなした人たちは、決選投票でシラクを支持しました。しかし、この大統領選の結果についてなされたその後の分析はどれも、極右勢力の台頭の原因を経済面でしか見ない、きわめて表層的なものでした。もちろん経済面で国民が大きな不安を抱いていることは確かです。一方では深刻な失業問題があり、そしてもう一方では、その失業問題の「原因」として移民の存在が投影され排他的な風潮が広がる、というこのメカニズムは五年前も今も変わっていません。しかしこの社会不安は何よりも心理的、精神的な貧困に起因することを無視してはならないのです。

あらゆる社会形態と同様に、資本主義もリビドーエネルギーを組織的に誘導する機能を持ちます。しかし問題は、リビドーを現況の産業システムのうちで大量に搾取し続ければ、生のエネルギーであるリビドーは徐々に破壊されていき、しかもその結果、リビドーはみずからの構成要素である欲動を**縛り付ける**力を行使できなくなってしまうということなのです。また一方では、本書で示したように、消費の組織化によって個の特異性が失われることで、人間の基盤となるナルシシズムの形成は不可能になっていきます。このような自己愛と友愛の喪失（「私」や「われわれ」をもう愛せなくなること）に加え、欲動がその軛を外されてしまうと、社会的なものは崩壊に向かい、それはたとえばデュルンのような事件や極右勢力への支持につながっていくのです。

＊　＊　＊

前回の大統領選から五年経っても、フランス政界の左派陣営は、今世紀に入って以来世界中で続いている政治社会の破局的状況から何の教訓も得ることができませんでした。第二次大戦後、これほどまで政治討論が貧弱だったことはかつてなかったでしょう。加えて、テレビというものの威力が欲動という低レベルに働きかけるためにのみ発揮され、いまやデモクラシーに代わってテレクラシー*の時代に入ったかの如くなのです。このような背景のもとで、今回の大統領選では〔左派の〕セゴレーヌ・ロワイヤルと〔右派の〕ニコラ・サルコジという二人の候

＊テレクラシー　政治家がテレビやインターネットを利用して視聴者の欲動のレベルに訴えかけ、ポピュリズムを煽り、政治そのものがテレビのリアリティ・ショーと化していくさま。スティグレールはこの件について、二〇〇六年に出版された『テレクラシー対デモクラシー――政治家たちへの公開状』（未訳）の中で詳しく分析している。Bernard Stiegler, *La télécratie contre la démocratie, Lettre ouverte aux représentants politiques*, Flammarion, 2006.

補が、互いに全く同じフィールドで、資本主義的リビドー経済の衰退がもたらした産業的ポピュリズムのなれの果てである政治的貧困ぶりを競い合いました。

二〇〇七年五月六日、ニコラ・サルコジがフランス共和国の新大統領に選ばれました。選挙戦の終盤、六八年の五月革命がわれわれの政治や文化に及ぼした影響についての議論が交わされましたが、そこで露呈したのは、左派はあの時期にフランスで起こった出来事の歴史的な意味を全く考えてこなかったということでした。*左派は今や、思考することを放棄してしまったのです。それは、左派はもう存在しないということを意味しているのかもしれません。といっても、よく言われるように、右派と左派のあいだにはもはや「違いがない」という意味ではありません。そうではなく、フランス革命以来政治の世界を構成してきた右と左の対立軸そのものが、今日ではもう、政治を動かす推進力を与えるものではなくなったということなのです。

右派と左派という対立し合う二極があったからこそ、かつての第三身分〔革命前に貴族でも僧侶でもなかった階級〕の市民たちは、資本と労働という産業における二つの力をそれぞれ体現するブルジョワとプロレタリアへと分かれることになりました。そしてそれらの勢力の衝突から、産業民主主義のさまざまな形態が生まれることになったのです。しかしこの二つの勢力が、単純明快なかたちで対立することはもはやできないのでしょう。このような構図が成り立たなくなったのは、資本主義が根本的に変化してしまったからです。

第三身分の勝利としてのフランス革命は、ネゴティウム *negotium* の側にいた人々が、貴族や僧侶というオティウム *otium* の階級に対し勝利を収めたということでもありました。*（九頁）しかしブルジョワジーと呼ばれる階級は、一九世紀にオ

＊六八年の意味　一九六八年の学生運動で若者が「自由」を求めたその精神を、資本主義はうまく利用し、さまざまな社会の規制を緩和し市場を拡大していった。その際、昇華につながる真の欲望と、底の浅い満足のみを求める欲動との判別を怠っていったことが、現在の脱‐昇華すなわち象徴の貧困をもたらす一因となった、とスティグレールは考えるのである。Bernard Stiegler, *Mécréance et discrédit 3. L'esprit perdu du capitalisme*, Galilée, 2006 参照。

ティウムを「ブルジョワ文化」として復興しようとし（それは多くの場合宗教的な文化の再建と関わっていました）、他方「進歩主義」と呼ばれた勢力は、宗教から独立したかたちでの「民衆のオティウム」をめざし、教育と文化の民主化を政策の主眼としました。このようにオティウムの形態は右派と左派のあいだで異なったものではありながら、近代の民主主義社会における政治的生の背景として生きながらえてきたのです。ところがこのオティウムが、「購買力」を何よりの評価基準として重視するようになった人たちによる今日の消費や投機の趨勢によって、目下破壊されつつあります。多くの人はそのような危機に瀕していることにすら気付きません。なぜなら今では、文化とは「文化産業」と呼ばれるものが提供してくる商品のことだとみんな思い込んでいるからです。

ひどく無教養で、少数支配の独占的なグループを作ろうとする金融資本家たちが、今日世界経済を牛耳ろうとしています。世界は今や、社会的なものの構築に何ら結びつかない低レベルの欲動で支配され、何もかもが（臓器でさえ）売り物になる無制限のネゴティウムの場へと変化しつつあります。他方では、生産者はかつて身につけていた「ものを作る知 savoir-faire」を機械化によって奪われていき、また消費者は本書で分析したような行動の標準化を通じ「生きるための知 savoir-vivre」を奪われていき、このようにして両者ともプロレタリア化してしまいました。生きるための術としての知、そして象徴的に存在するという可能性すら失った者たちが唯一参加できるもの、それは消費活動（反復の強迫としての）であり、こうして彼らも無制限のネゴティウムにはまり込んでいるのです。

しかしながら、このような産業システムが地球の環境に壊滅的なダメージを与

＊（七頁）**オティウム** *otium* と**ネゴティウム** *negotium*　オティウム *otium* とはラテン語で「自由な時間、閑暇」を意味し、その否定形であるネゴティウム *negotium* とは「生存のために必要な仕事、商売」のことである。オティウムとは、単に働いていない暇な状態や、休息やレジャーのための時間を指すのではなく、自己に配慮し、より良い存在をめざすための自由時間、自由な者になるための実践を意味する。この「序文」の文脈では、オティウムを「文化」（culture 耕し、培い、育むという本来の意味で）と置き換えてもよいだろう。詳しくは Bernard Stiegler *Mécréance et discrédit 1. La décadence des démocraties industrielles*, Galilée, 2004.

えようとしていることは周知の事実です。ですから、われわれの社会における断絶とは、今や次のような二通りの生き方のあいだにあると言えるでしょう。ひとつは、リビドー経済を再構築し、欲動を野放しにしないための昇華のあらたな方法を模索し、世界への配慮そして好奇心（curiosité——配慮 *cura* としての「関心」）を抱くような生き方。つまりCO_2は削減するがその代わりにたくさんのアイデアや企画を提供し、たくさんの関係（絆）を取り結ぼうとする生き方*です。そしてもうひとつは、怠慢で何に対しても配慮を欠いた生き方、自分たちだけ利益を得たなら後はどうにでもなれという恥知らずな態度です。

そしてこの点において、新しいフランス大統領は早速国民を驚かせてくれました。ネオリベラルな立場にある以上、彼はヘッジファンドが代表するような配慮に欠けた資本主義の代表です。ところがその反面、フランスそしてヨーロッパにとって歴史的な存在たらんとする真の野望を抱く新大統領は、最優先の政策として、あらたに「持続的発展・開発省**」を政府の中心に据えたのですから。

こうしてみると、前回の大統領選からの五年間で、実ったものもある（朽ちただけでなく）ということなのでしょうか。

二〇〇七年五月三一日

ベルナール・スティグレール

＊たくさんの関係（絆）を取り結ぼうとする生き方　スティグレールは二〇〇五年に、あらたな産業モデルを提案するための国際運動組織 Ars Industrialis（精神テクノロジーの産業政治国際協会）を設立し、持続可能な欲望を生み出せる技術の在り方を模索するさまざまな活動を繰り広げている。http://www.arsindustrialis.org/（フランス語、英語）

＊＊持続的発展・開発省　正式にはエコロジー・持続的発展・開発省 Ministère de l'Écologie, du Développement et de l'Aménagement durables。大臣には以前シラク政権下で首相を務めたこともあるアラン・ジュペが就任した。ジュペは二〇〇四年に不正政治資金疑惑で有罪になり、一時被選挙権を剥奪されたが、その間カナダで環境問題を研究。フランス版アル・ゴアといった趣で今回政界に復帰し、内閣のナンバー2の地位についた（追記―その後ジュペは六月一七日の国民議会選挙で落選し、大臣就任からわずか一カ月で辞任した）。

凡例

1　巻頭には、著書から寄稿を受けた「日本の読者への序文」を置いた。
2　章分けならびに改行は原著にしたがうことを原則とした。
3　翻訳にあたって、原文のイタリック体はゴチック体とした。
4　固有名詞の表記は現地音を基準にすることを原則としたが、よく知られたものは慣例に従った。
5　［　］は原著にある補足、〔　〕は訳者が加えた補足を示す。
6　原註〔本文行間の（1）（2）…〕は巻末に、訳註〔本文行間の*、**…〕は各ページごとにまとめた。
7　本文、註における引用文は、特に訳者名を明記したもの以外は、原著のフランス語を訳者が訳した。
8　索引は原書にはないが、邦訳では読者の便宜のために訳者が付した。

愛するということ／目次

愛するということ

「自分」を、そして「われわれ」を

この講演(1)を、大統領選で国民戦線を支持した人たちに捧げます。私はその人たちを身近に感じます。というのもそれは苦しんでいる人たちで、そして彼らによって私も苦しんでいるからです。なぜ私がその人たちによって苦しむのかというと、彼らの苦しみを身近に感じるまさにそのとき、彼らは私からあまりにも遠く隔たり、そして私は彼らにとって限りなく遠いところにいるのを感じるからです。この隔たりは私と彼らの双方にとって共通の損失でしょう。この隔たりはわれわれの**共通の**苦しみの消失点であり、そしてまさにそこに苦しみが収斂するがゆえに、われわれの近さでもあるのです。われわれにとって共通なのはつまり、互いに完全に分かたれてしまっているという思いでしょう。しかし、われわれは、われわれを分かつものによってのみ苦しんでいるのではありません。私が彼らの存在によって苦しめられながらも彼らを近しく感じ、彼らと共に苦しむのは、私が単に彼らのせいだけで苦しんでいるのではないからに他なりません。つまり私もまた、**彼らと共に**、**同じ原因によって**苦しんでいるのです。

第I章

本源的ナルシシズムの破壊

ナルシシズムと治安の問題

われわれが暮らしの中で直面している暴力や治安の悪さといった問題は、——それら〔が掻き立てる不安〕が妄想として利用され、さらには意図的に操作されているにしても——、なによりもまずナルシシズムの問題に関わることであり、また個体化*の衰退というプロセスの結果なのです。ここでのナルシシズムの問題とは、リシャール・デュルン**の事件が示すような事態です。「**われわれ**」を殺害しようとしたデュルン——彼は市議会という「**われわれ**」の公的な代表を狙ったわけで、それはつまり「**われわれ**」を殺害することに他なりません——は、自分がこの世に存在していない、つまり彼曰く「生きている実感」が持てないということにひどく苦しんでいました。[1] 自分を見ようと鏡を覗き込んでもそこにはぽっかりと空いた穴のような虚無しかない、と彼は言っています。これは『ル・モンド』紙に公開された彼の日記によって明らかになりました。その日記にデュルンは「人生でせめて一度、生きていると実感するために、悪事を働かねばならない」のだと記していました。[2]

リシャール・デュルンが苦しんでいたのは、**本源的な**（基盤となる、原型としての）**ナルシシズムの能力が構造的に剝奪されていたから**です。[3] ここで「本源的なナルシシズム」と私が呼んでいるのは、プシュケ *psyché*〔人間の生命原理とし

***個体化** individuation　個（individu 分かち得ない、不可分なもの）つまり自分自身になろうとするプロセス。「私」とは「私である」という状態ではなく、個体化のプロセス、「私になる」ことをめざす「傾向」である。

****リシャール・デュルン** Richard Durn　二〇〇二年三月二六日、フランスの青年リシャール・デュルン（三三歳）はパリ郊外のナンテール市議会で銃を乱射し、市議会員八名を殺害し一九人を負傷させた。彼は逮捕されたが二日後投身自殺する。

ての魂、心。「姿見＝鏡」をも示す」の機能に欠かせない構造としての自己愛のことです。この自己愛は時には病的に過剰になることもありますが、しかしそれがなければいかなる形での愛も不可能になってしまう基本なのです。フロイトの説に一次ナルシシズム*というものがありますが、これは私が今説明しているナルシシズムとは一致しません。フロイトの一次ナルシシズムは、性欲動《セクシュアリテ》の早熟な表現としての幼児期の自己愛を指します。フロイトはまた成年期になってから出現する二次的なナルシシズムにも言及していますが、これも私が問題にしているナルシシズムではありません。私が本源的ナルシシズムと呼んでいるのは、おそらくラカンが「鏡像段階**」を分析するときのナルシシズムに近いものだと思います。

　さて、本源的ナルシシズムは「**私**」だけに関わるものではなく、「**われわれ**」のナルシシズムというものもあります。つまり「**私**」としてのナルシシズムが機能するためには、それが「**われわれ**」のナルシシズムの中に投影されなければならないのです。ところがリシャール・デュルンは自分のナルシシズムを作り上げることができず、市議会という本来は「われわれ」の代表であるものの内に、

「われわれ」ではない他性、つまり「私」の像を一切送り返してこない、自分を苦しめるだけの「他」という現実を見てしまいました。だから彼は、その「他」を破壊したのです。

＊一次ナルシシズム　フロイトはそれまで倒錯としてとらえられていたナルシシズムを、主体が生きていくうえで必要な欲動備給の一形態とみなした。とはいえ自己という統一体が生来備わっているわけではなく、ナルシシズムは主体の発達のひとつの段階であり、同時にひとつの帰結でもある。フロイトにおいて一次ナルシシズムとは、幼児のいわゆる自体愛すなわち自分の身体だけで快楽を得る時期（ただしそこには母と子のエロス的関係が前提となっているのだが）を指す。『ナルシシズム入門』フロイト著作集5、懸田克躬・吉田博次訳、人文書院、一九六九を参照。

＊＊鏡像段階　フランスの精神分析学者ジャック・ラカンの理論において、主体の形成の過程で鏡に映る像が決定的な影響を与えるとされる時期。生後六カ月頃の幼児が鏡に映った自分の像に興味を抱き、さらには喜悦を経験するようになるのは、それ以前はばらばらな身体のイメージを感じるだけであった子供が、ここにおいて統一的な視覚像として一挙に自己を獲得するからであるとされる。しかしそこで得られる「私」とは鏡の像という「私ではないもの」であり、つまり幼児は「私ではないもの」を「私」とみなすことで「私」を形成するのである。人間はまず、他者として自分を認知し、自分を生きる。したがって自己愛も本源的に、他者へと向かう方向性を孕んでいるのである。

ナルシシズムの構造には歴史がある

精神分析理論のもっとも重要な進展は、抑圧する自己にリビドー〔性的欲動に備わったエネルギー〕の説を適用したことである。これによって自我それ自身を、ナルシシズム的と呼ばれるリビドーの貯蔵庫としてみなすことができるようになった。その貯蔵庫からリビドーが対象へと備給され、その備給がまた、そこに回収されうるというわけである(4)。

これがフロイトのエネルギー論です。自我というものはポテンシャルを有したエネルギーのプロセスなのです。このポテンシャルは循環し、それがうまく機能しないとナルシシズムの面で障害が生じることもあります。フロイトはその疾患のリストとして、早発性痴呆、パラノイア、メランコリーなどを挙げています。またナルシシズムに関わる苦悩としてさまざまなかたちの神経症が現れることもあります。

しかしながらわれわれ現代人は、大変特殊な意味においてナルシシズムの苦悩に直面しています。その特殊性とは、現代人がとりわけ「**われわれ**」のナルシシズムの点で、いわば「**われわれ**」**というものの病**によって苦しんでいるということです。私が「**私**」になれるのは、ある「**われわれ**」に属しているからこそなのです。「**私**」も「**われわれ**」も個となっていくプロセスなのですが、そうである以上、「**私**」そして「**われわれ**」というものはある歴史を有しています。それぞれの「**われわれ**」が異なる歴史を持っているという意味だけではありません。大事なのは、「**われわれ**」というものの個体化の条件が、人類の歴史の中で変化するということなのです。

二一世紀の初めの個体化の条件と、紀元前五世紀（ギリシャの都市国家が生まれた時代）の個体化の条件は違いますし、後者もまた、クロマニヨン人の時代や、フロイトが『トーテムとタブー』で語っていた原始群の時代の個体化の条件とは異なったものでしょう。このような「**われわれ**」というまとまりになっていくプロセスとそれらの変遷、つまり「われわれ」の個体化のプロセス（そしてその「われわれ」を通じて「私」というものが個体化するプロセス）が、ある段階から別の段階に移っていく移行には、その都度条件があり、その条件はムネモテクニック（記憶術）あるいはムネモテクノロジーに関わっているのです。そしてわれわれが今日、この個体化とナルシシズムをめぐる大きな苦悩の時代――「私」を愛し、「われわれ」を愛し、そして「われわれ」の中で生きる「私」を愛するという人間にとって根本的に必要なナルシシズムが頓挫する時代――を生きることになったその原因は、人間の個体化プロセスのすべてを司るムネモテクニックとムネモ-テクノ-ロジック les mnémo-techno-logiques が、インダストリアルな搾取の領域に移ってしまったことにあるのです。

ナルシシズム、消費、行為への移行

しかしここで問題なのは、その搾取の対象となる資源の可能性には限界があるということです。「**私**」たちは、今日何よりもまず消費者として狙われ、搾取の標的となっています。ところが消費者は「**私**」と言うことはできません。消費者はもはや「**私**」でも「**われわれ**」でもなく、今や「**みんな on**」[5]*（二九頁）という存在に追いやられてしまいました。それは原理的かつ構造的に、個性を奪われ肉体からも切り離された存在なのです。消費活動とは——それを私が取り入れのプロセス[6]と呼んだものに関わるシステムのひとつの時代《エポック》ととらえたとき——、「**私**」と「**われわれ**」を混同させ、両者の違いを消し去り、そうすることでまさに両者を「**みんな**」に変えてしまうという傾向をもちます。そしてこの消費活動を組織化するということは、「**私**」たちを**シンクロさせ**ようとすることなのです。そもそも私が「**私**」であると言えるのは「**私**」がディアクロニーである、つまり「**私**」の時間が「**あなた**」の時間と異なるからこそなのですが、だからこそ消費の組織化は「**私**」たちの差異がもうなくなるほど「**私**」たちを**シンクロさせ**ようとするのです。そうなると、自分自身を愛する気持ちつまり自己愛は失われていってしまいます。なぜなら、**私の行動すなわち消費活動**が他者の行動すなわち消費活動とシンクロすることで――それによっていわゆる「規模の経済[7]」が可能になるのですが――私の特異性が消し去られていけば、「**私**」は次第に抹消されていき、私の「**私**」らしさがこうして徐々に消えていけば、私はもう自分を愛せなくなってしまうのです。そして自分のことが愛せなくなると、他者のこともう愛することができません。というのも他者とは、私の自己愛を映し出す鏡以外の何ものでもないのですから（本源的なナルシシズムとはまさにこの点において成立するのです）。そして私が自分を愛せなくなり、それゆえ他者を愛せなくなったなら、あらゆる違反行為が可能となるでしょう。つまり私の行動にはもはやいかなる限度もなくなり、全く狂ったような衝動的行為への移行となってしまうかもしれないのです。

私はこの講演を、先〔二〇〇二年〕の大統領選で国民戦線に投票した人たちに捧げたいのですが、それはその人たちが皆さんや私のように、いえおそらく皆さんや私以上に、苦しんでいるからです。そしてこの講演を彼らに捧げながら、私は皆さんに次のことを訴えたいのです。消費活動をこのまま無制限に組織化していけば、ナルシシズムは組織的に破壊されていき——国民戦線の支持者はまさに

＊（二七頁）**みんな** on　フランス語の主語人称代名詞 on は「人は、人々は」というように不特定の人を指すが、話し言葉では nous の代わりに「私たち」「われわれ」の意味で使われる…と文法的には説明されるのだが、スティグレールにおいて on は、「私 je」や「われわれ nous」として個となることのできない主体——つまり「誰でもない」主体、すなわち主体とは呼べない主体を示し、個体化の衰退のまさに象徴なのである（ベルナール・スティグレール『象徴の貧困』新評論、二〇〇六、特に第2、3章を参照）。この on は、ブランショが示したように、非人称の「ひと」という個体化の極限として固有の力を有することもある。しかし本論考で問題になっているのは、あとで出てくるようにニーチェの畜群やハイデガーの *das Mann*（世人）といった「大衆」としての on であり、それをここでは「みんな」と訳すことにする（自分の言葉に責任を持ちたくないときに無難な主語としてみんなが使うその「みんな」である）。

その被害を受けているのですが――、それは狂気そのものを組織的に生み出すことに他ならず、結果として、個人的にも集団的にもさまざまな自滅的な行動を呼び起こすに違いないということを。

生成と未来

ナルシシズムが破壊される、**つまり個となるプロセスが**破壊されると、社会の調和という歯車が**はなはだしく**狂っていくことになります。社会の中にずれが生じ適応できなくなるという現象そのものは、定期的に生じては社会を揺さぶるものです。人間の社会はつねに技術の発展のプロセスにつきまとわれ、それによって影響を受けながら構成されていきます。このプロセスは最初はとてもゆっくりしたものでした（石を加工してチョッパー〔片刃の石器〕が作られ、次に石斧が作られるという旧石器時代の変化のサイクルは一〇〇万年単位でした）が、しかし人間が定住しやがて大帝国が登場するようになると、プロセスはどんどん加速していき、ついには絶え間ない技術革新を特徴とする現代のインダストリアル社会に至ったのです。

技術のシステムが変化するとき、既成の社会システムとのあいだでずれが生じ、不安定な状態が引き起こされますが、大抵は一時的なものです[8]。それらは歴史において時代を画することになる、ややもすれば激しい争乱として現れます。しかし技術の発展にともなうこの混乱の過程が、「**私**」のナルシシズム的なポテンシャルエネルギーの破壊によって生じる**個体化の衰退**と組み合わされるとき――それはおそらく現代まではなかったことなのでしょうが――、この社会における調整の狂いは限界に至るのです。

このシンポジウムで話題になっているのは未来予測prospectiveです[9]。未来予測とは未来を問う集団の知であり、したがって時間の問題を問う知のことです。ここでの時間とは人間にとっての時間であり、宇宙の時間のことではありません。人間の時間は宇宙の時間と関係はあっても、両者はそれぞれ異なる時間なのです。宇宙の時間はエントロピー的であり、それは膨張する宇宙の物理的な生成です。これに対し人間の時間はネゲントロピー的であり、それは極端な意味においてそうなのです[10]。つまり人間の場合は、他の生き物のように生物学的な構造だけがネゲントロピー的なのではなく、原則として、人間の文化の構造もまたネゲントロピー的*だということです。たとえば人間の言語がその基本的な構成上イディオム**的なものであるように。この点についてはあとでまた取り上げましょう。さて、物理的な時間と人間の時間を混同することは、ネゲントロピー的な時間をエントロピー的な生成に還元してしまうことであり、それは矛盾です。もっとも「この世の終わり（時間の終焉）」***、つまり未来の終焉という可能性を措定するなら話は

***ネゲントロピー**　宇宙全体や物質の基本的運動はエントロピーの増大（熱的死、この文脈では混乱状態）に向かっているのに対し、生命はエントロピーの法則に逆らうネゲントロピー（負のエントロピー）によって動き、秩序を作り出す。生殖によって、個体の死を超えて種として存続していくこともその例である。ところが人間の場合さらに、さまざまな技術によって個体の記憶を他の個体に伝えることができ、それによって知を蓄積し、組織化していくことができるのである。

****イディオム**　一般的には「ある国家、民族、地方に固有な言語」を意味する。ここで「言語はイディオム的」と言われているのは、「言語そのもの」というのはどこにもなく、国、民族、地方、さまざまな集団そして個人ごとに、それぞれの刻印が押された固有の言葉の使い方があり、そのことによって言語が変化し生きながらえていくという様態を指す。

*******「**この世の終わり**（**時間の終焉**）la fin des temps」　新約聖書に出てくる表現。この世が終わればあの世には時間も時代もないのである。

別ですが。未来 avenir とは生成 devenir よりはるかに複雑で、したがってより脆弱なものです。未来の可能性とは脆弱で、それゆえ未来が終わってしまうということも十分可能であり、それは生成が終わるということよりはるかに起こりうることなのです。未来を生成に還元してはならないまさにそれゆえに（ただしそのかわり未来は生成と渉り合わなければならないのですが）、あらゆる科学一辺倒主義と闘わなければなりません。未来を生成に還元することは未来を破壊することであり、それは「この世の終わり」であり、そしてそれは十分起こりうることなのです。このような可能性について耳を貸さない人は、**生成の中で**、その生成に紛れ込むことなく未来の**可能性**を成しているものを**判別する**ことができないでしょう。

「私」と「われわれ」の連結

人間の時間とは「私」を「われわれ」に関連づけるものです。私はある社会的集団に属しているからこそ人間なのです。しかし「私」の時間イコール「われわれ」の時間ではありません。「私」の時間は「われわれ」の時間の中で生じるのですが、後者はそれを構成する「私」たちの時間によって条件付けられているのです。難しいのはこの緊張関係であり、その複雑さゆえに**集団知**なるものを創り上げるのは困難なのです——もっとも理性の方は、そのような知の可能性さらには必然性をアプリオリに措定しているのですが。

「私」と「われわれ」の連結という問題は技術の問題によって条件決定されています。これまでもずっとそうであったのですが、このことは以前は気付かれませんでした。それがはっきりと感じ取られるようになったのは一九世紀以降、特に二〇世紀に入り、既成の製品に取って代わるべき新製品としての商品がシステマティックに生産されるようになったときでした。このように新しい製品に買い換えていくことが、消費と呼ばれる活動です。現在では毎日何百もの特許が世界中で登録され、それによって無数の新製品が生まれるのですから、それらを消費活動によって取り入れ、また取り入れさせなければならないのです。

マーケティングやメディアという、人々の行動をシンクロさせるシステムは、消費を多かれ少なかれ人工的に「サポート」するためのものであり、これらは新製品を取り入れさせるためのテクノロジーなのです。それによって新しい歯磨き粉や洗剤、新型の携帯電話や自動車のオプションの規格などが消費者に取り入れられるわけです。世界規模《グローバルな》の「**われわれ**」の経済マシーンを機能させるために、われわれは消費しなければなりません。新製品を取り入れさせるためにさまざまな心理学的なテクニックが開発されていますが、なぜかといえば、アプリオリには誰も新製品など欲しがったりしないからです。どんな社会も自発的には新しいものを決して求めたりはしません。一般に社会とは、同じ状態に留まろうとするものなのです。しかしそれでいて、生き長らえていくためには、社会は変化しなければなりません。

そして今日――これは現代の特徴、それも悲惨なまでに貧しい特徴なのですが――、「**私**」と「**われわれ**」の連結は、消費という様態《モード》であらたなものを取り入れよというへ**ゲモニー的**な至上命令に従属してしまっているのです。

取り入れのプロセスとわれわれが欲するもの

新製品を取り入れるプロセスは、より一般的な取り入れのプロセスに結びついており、そのプロセスの中でこそいわゆる社会的なものが構築されます。マーケティングのような取り入れのための技術が繰り広げられるのも、社会というものがそもそも取り入れのプロセスであるからこそなのですが、一般にそのことは忘れられ、また隠蔽されています。ときにはそれを隠蔽するために何万、何百万もの人々を共同墓穴に葬り去ってでも、社会は、つねに他を取り入れ、わがものとしてきたということを認めようとしないのです。エルネスト・ルナン〔フランスの作家、一八二三―九二〕、ポール・ヴァレリー〔フランスの詩人、作家、一八七一―一九四五〕、アンドレ・ルロワ゠グーラン〔フランスの人類学者、一九一一―八六〕らは、社会におけるこの取り入れのプロセスを明るみに出そうとしました。エルネスト・ルナンは『国民とは何か?』の中で、あらゆる社会は「**われわれ**」に属していない他所《よそ》からやって来た移民たちによって構築されており、したがって「われわれ」などというものはまさしく存在しないと言うべきだということを説明しています。一方ルロワ゠グーランは中国についてそのことを示しました。中国は何千もの異なる民族によって生み出された国であり、それらの民族が、一度も存在したことなどない単一の「われわれ」の過去を仕立て上げました。そしてその「われわれ」こそが、ファンタスムとしての過去を投影させることで、ひとつの共通の未来の投影を可能にしたのです。またトクヴィル〔フランスの政治思想家、一八〇五―五九〕もアメリカを例に挙げて、あらゆる社会が同様なかたちで生み出されたことを明らかにしました。しかし社会がこのように虚構《フィクション》として誕生したということは隠蔽されなければなりません。なぜなら、ひとは自分がこのファンタスム的な過去の「われわれ」に属していると信じることで、この過去に参加し、それを自分自身の過去とすることができるのですから。

私は昨年ここスリジイ・ラ・サル国際文化センターでの『近代性、時間〔時代〕の新しい地図』(11)というシンポジウムで、私個人の例を挙げて次のように説明しました。私はフランス共和国の国民で、私の子供たちもフランス国民なのですが、私たちはスティグレール Stiegler という父方の祖父の姓を名乗っています。母方の祖父はトロトマン Trautmann という姓でした〔Stiegler も Trautmann もドイツの姓〕。別の言い方をすれば、〔ドイツの姓を名乗りながらも〕私はサンキュロット*というフランスの過去を自分の過去の一部とみなすわけで、そのように**認めること**が「**われわれ**」のナルシシズムなのです。でも実際は私の祖父母の過去はサンキュロットの過去**ではありません**。学校をはじめとするいくつかの構造は、〔国民の〕過去を受け入れさせるために構想された場なのですが、そこに組み込まれることで、私は〔フランス国民としての〕私の過去を取り入れました。それはフランス人である皆さんと共通の過去です。その過去があるから、私は皆さんと共に、〔フランス人という〕「われわれ」を構成することができ、共に未来を投影し、また「**われわれ**の未来」について共に語る、つまり**われわれとして**あれが欲しいとか、これをやりたいといった話をすることができるようになるのです。

このようにある過去を取り入れていくプロセス、作為的でしかしまさにそれゆえに未来というものを取り入れさせるこのプロセスは、最近まで隠蔽されてきました。しかしながら、あらたなものを取り入れるということ自体は、産業革命によってどんどんあからさまに問題として浮上するようになってきました。というのも産業革命以後、さまざまな新製品が絶えず登場し続け、そのスピードは速まる一方であり、日常生活の枠組みは変わり続けているからです。社会の構造がこのような絶えざる変革を消化吸収するためには、取り入れのための技術を配置しなければなりません。こうして取り入れの問題がそれ自体として提起されるようになり、社会を組織するということは今や明らかに、取り入れを組織的におこなうこと、言い換えれば消費の組織化となったのです。

＊サンキュロット les sans-culottes　キュロットとは一七—八世紀に貴族の男性が着用していた半ズボン。それを穿かない庶民や労働者は、自分たちを「半ズボンなし《サンキュロット》」と自称し、彼らが一七八九年のフランス革命を主導した。彼らはその衣裳によって歴史の舞台に「姿」を現し、彼らが労働者という「われわれ」を作り出そうとしたのである。しかし参政権のなかったサンキュロットたちは九〇年代後半には衰退していき、やがてブルジョワ階級が力を持つようになる。

暦、地図、虚構《フィクション》

取り入れとは、ある「われわれ」一般を作り上げるために前提とされるものです。「われわれ」というものはつねに、ある暦と地図の運用 une calendarité et une cardinalité によって作り上げられます。自分たちのことを「われわれ」と言えるためには、同じ暦と地図のシステムを共有していなければなりません。同じカレンダーを参照することができなければ、つまり共通の時間を共有していなければ、そして共通の空間的表象を有しそこで方角の配置を共有していなければ――たとえば通りの名や地図や交通標識を読めないとしたら――、互いによそ者だということでしょう。ある「われわれ」が自分にとって親しみ深いものとなるのは、このようなものを共有しているからなのです。ところが今日では、暦や地図のシステムはグローバル化した文化産業によってコントロールされるものとなってしまいました。

暦の運用*とは「われわれ」が期日を決めて会うためのスケジュールを編成する

＊暦の運用 calendarité　たとえば「平成」は日本という「われわれ」の暦の運用である。また日本では現在でもしばしば、慶弔の行事が大安、仏滅、友引といった暦の指示に合わされているように、暦とは共同体のルールを示し、農作業の進め方の目安を教え、生活にリズムを与えるものであった。暦はそこを支配する権力と密接に結びついており（日本では戦前まで、暦は政府の統制下で出版されていた）、それゆえ国あるいは宗教によって安息日や祭日や祝日が異なる。そして戦争にまつわる同じ日付が、それぞれの当事国、それぞれの「われわれ」にとって、敗戦の日だったり解放の日だったりもする。さらにひとつの国の中でも、ある記念日や祝祭日をめぐってさまざまな「われわれ」が生まれ、ときには対立したりすることもありうるのである。しかし現在、このようなローカルな「われわれ」ではなく「みんな」のためのカレンダーが出来つつある。その目的は消費のシンクロニゼーションである。たとえば日本において、これまで日付が決まっていた祭日のいくつかが月曜に移動し連休となったのも、「ハッピーマンデー」によって国を挙げて消費を拡大するのが狙いであった。さらにカレンダーはどんどんグローバル化し、クリスマスが本来の宗教的行事からプレゼント交換の日になった（しかも消費のムードを促すためにその宗教色が利用されるのだが）だけでは足らずに、バレンタインやハロウィーンが世界中の「みんな」の祝日に加わっていく。ワールドカップもオリンピックも経済効果をねらった世界的祝日なのである。一見ローカルな各地の祭りでさえ、地域の「われわれ」の親睦のためよりは、観光誘致のイベントとしておこなわれているのが実状なのだ。

ものです。日曜日はキリスト教にとっては本来神聖な日であり、共に休息する日でした。しかしマスメディアによって、日曜はみんなでテレビを見る日となりました。曜日についてのこのような変化は、一日の時間の中でも起こりました。今日では「二〇時」と言えば夜のTVニュースの時間だと皆わかります。最近テレビ局TF1の株が暴落しましたが、それはTF1がサッカーの試合の生放映権を高額で買ったのに、フランスチームのスターであるジダン――彼さえいれば視聴率の記録が出るはずだとテレビ局とスポンサーは踏んでいたのですが――が膝の故障でその世界的スポーツイベントに参加できなくなったからでした。**TF1や他のすべてのテレビ局は、暦をコントロールする力によって信用されます。**たとえばサッカーのワールドカップは、文化産業による世界規模の《グローバルな》祝日なのです。このようなイベントに消費者たちの意識が向くようコントロールすれば、高視聴率がまず保証され、テレビ局としては優位に立てるでしょう。とはいえこのようなシステムの脆さ――あるいは馬鹿馬鹿しさ――は一目瞭然です。なにしろ一人のサッカー選手の片膝の故障によって脅かされてしまうのですから。

郵便はがき

料金受取人払

新宿北局承認

3936

差出有効期限
平成21年2月
19日まで

有効期限が
切れましたら
切手をはって
お出し下さい

169-8790

260

東京都新宿区西早稲田 3-16-28

株式会社　新　評　論

【SBC（新評論ブッククラブ）事業部】行

お名前	年齢
ご住所　〒 TEL	
ご職業 E-mail	
所属グループ・団体名	

SBC（新評論ブッククラブ）入会申込書

SBC（新評論ブッククラブ）
会員募集のご案内！

平素より小社出版物に格別なるお引き立てを賜り、厚く御礼を申し上げます。

さて、このたび小社では、一般読者の皆さまを対象に、日頃のご愛顧に感謝いたしまして、ＳＢＣ（新評論ブッククラブ・1999年発足）を開設いたしました。

当クラブでは、小社企画商品の最新情報の提供や購入サービスの他、魅力的な特典をご用意いたしております。

皆さまのご入会を心よりお待ち申し上げます。

ＳＢＣ（新評論ブッククラブ）事業部

★★★★★★★★★★★★★★★★★★★★★★★★★★★★★★★★★★★

◆ご入会手続

当ハガキの裏面の指定欄に、貴方様のお名前、ご住所・電話番号をご銘記の上、ご投函下さい。折り返し、ＳＢＣ発行の『入会確認証』をお送りいたします。これで入会手続の完了です。

※入会金・会費など、会員の皆さまのご負担は一切ございません。

◆サービス・会員特典

①小社の出版活動内容を毎月上旬にご案内します。

②ご注文の商品は、すべて送料をサービス（※宅配便を除く）。

③小社刊行商品を累計で５冊お買い上げごとに、ＳＢＣ発行の『特別サービス券』を贈呈します。このサービス券は小社在庫商品のうち、ご希望の本をいずれか１冊無料で、お引き換えできるＳＢＣ専用の図書券です。

※なお、お買い上げの確認は、小社各書籍に添付の「読者アンケートハガキ」をご投函頂くことによってカウントする『購入者申告制』となります。詳細は、ご入会時に別途ご案内いたします。

文化産業にコントロールされることで、暦と地図のシステムは今や形骸化しつつあります。そしてその結果、先に述べた**本源的なナルシシズムが破壊されてい**き、**個体化が阻まれて**しまうのです。暦と地図のシステムは、計算可能性を超えた何ものかに関わるものです。だからこそスポーツの分野においては今でも、競技の展開の予測しがたさや、**例外的な結果**、唯一の出来事といったものへの人々の熱望が搾取されているのです。そもそも暦とは、神にまつわるものか、あるいは政治的なものを創立するような特別な事件、あるいはその両方に同時に関わるものであり、いずれにせよ、現在という時間を超過して位置づけられる例外的な出来事が起こったことを示すためのものでした。ところで、あるグループに属するためには、そのグループの統一性を投影しなければなりません。その統一とはつねに虚構《フィクション》のものであり、その虚構《フィクション》とはいつも、ある異例の出来事すなわち例外を物語るものなのです。「**われわれ**」という主語で語るためには、私は自分のものではない過去を虚構《フィクション》として作り上げなければなりません。そしてその過去によって、私はある未来を虚構《フィクション》として作り上げることができるようになるのです。その未来とは「われわれ」の未来であってほしいと私が願う未来です。その「われわれ」とはまず私の身内や近親者、私の子供たちであり、そのまた近しい人たちへと次々に広がっていき、それは「あなたたち」すなわち〔私と共に「われわれ」をなす〕皆さんの未来でもあるのです。

欲望と無限

私が思い描く架空の未来、つまり私が欲望し幻想として抱く未来を、私はおそらく決して実際に見ることはないでしょう。それはまず決して実現しないでしょうから。しかし実際には生起しないこの虚構《フィクション》という様態としての未来が必要なのです。というのは、その虚構《フィクション》によってこそ、何があろうと、その未来が**絶対的な**未来というかたちで**あるだろう**と思えるのですから。それはいわば、いつまでも「来たるべき à venir」という姿であり続ける未来、一種の**純粋な未来**です。それはたとえばメシア（救世主）と呼ばれたりもします。こういった虚構《フィクション》は「限りなく à l'infini」というかたちでなければありえません。というのもそれは欲望に関わるからです。その欲望とは個人の欲望でありながら、「**われわれ**」という観念なり実態なりが有する欲望と不可分であり、また、ある具体的な「**われわれ**」を求める欲望、自分たちの属している集団を「**われわれ**」とみなすことのできるその可能性と不可分なのです。欲望とはその構造上、無限をめざすものです。フロイトはリビドーのエネルギーには限りがあると言っていましたし、確かにそれは正しいのですが、しかしこの限られたリビドーエネルギーがきちんと機能するためには、**自分のエネルギーは無限であるというファンタスムを私が抱かなければなりません。**そんなことは虚構《フィクション》でしかないのですが、**この虚構《フィクション》なしにはいかなる欲望も生まれてこないでしょう。**何かを愛するとき、私はそれをいかなる制限も条件もなしに愛するのであり、このように限りなく（それは幻想なのですが）というかたちでなければ、愛することなどできないのです。私が何かを、誰かを、たとえば皆さん（すなわち、ある「**われわれ**」を共に作り出すことができそうな仲間）を愛するとしたら、私はそれらのもの、それらの人たち、皆さんという仲間のことを、**無限に愛します。**愛するというのは「限りなく à l'infini」愛することであり、そうでなければ愛ではありません。愛するとは、フランス語で「不定法で à l'infinitif」と言うように、主語も時間も条件も状況も問わず制限なく愛することです。そしてそのような愛がなければ、いかなる「**われわ**

れ」も不可能なのです。
もちろんそれは虚構《フィクション》にすぎません。無限の愛も、「**私**」というものの**起源と**しての「**われわれ**」も、幻想でしかありません。しかし、繰り返しますが、このような虚構《フィクション》（すなわち欲望が生み出す虚構《フィクション》というこの**根源的欠陥／起源の欠如**）なしには、「**われわれ**」というものは不可能なのです。それなしには、人間は「野蛮人《バルバロイ》」よりひどい獣、さらには獣よりひどい、ひたすら破滅に向かう存在つまり文字通り分裂した《ディアボリックな》diaboliques存在と化してしまうでしょう。『ニコマコス倫理学』(12)に出てくる友愛《フィリア》*philia**の問題が示しているのはそういうことです。ここでは時間がないので、詳しく説明することはできないのですが、今申し上げたことの帰結として、「**われわれ**」というものは「**私**」同様に、基盤となるナルシ

***フィリア** *philia*　アリストテレスの『ニコマコス倫理学』の八・九巻は「フィリアについて」と題されている。フィリアとは社会的きずなを結ぼうとする欲望であり、「われわれ」という共同体の条件である。ベルナール・スティグレール『象徴の貧困』前掲、第1章ならびにあとがき参照。

シズムを持っていなければなりません。「**われわれ**」が成立するためには、象徴すなわち自体愛的 autoérotique なフェティッシュ*が必要です。そのフェティッシュにおいてこそ、「**われわれ**」は自己を映し出し、「本源的な形態《フォルム》（原型）へと（…）いつまでも還元しえない虚構《フィクション》という筋書きのうちに」(13)飛び込み沈殿していけるのです。そして地図と暦のシステムというのは、まさにそのようなフェティッシュの枠組みなのです。

＊フェティッシュ　欲望の対象となる「物」。ここでは「われわれ」のアイデンティティを映す（象徴する）物を指す。スティグレールは、本源的ナルシシズムの成立を、ラカンの「鏡像段階」に近いものととらえているが（本書一三三頁訳註＊＊）、それはスティグレールの考えでは、技術的な「物」こそがまさに人間にとっての「鏡」であり、それに映すことで人間は初めて自己を見出し、自分の特異性を知るとされるからである。Bernard Stiegler, *La Technique et le Temps 1. La faute d'Épiméthée* , Galilée, 1994, 第1部第3章を参照。

「闘え！」消費の有限な合目的性と畜群の社会

現在グローバルなものとなった暦と地図は、文化産業（テレビやラジオ、インターネット、そしてテレコミュニケーション、情報工学、オーディオビジュアルが統合されたエレクトロニクスのテクノロジーの結集体）によってコントロールされ、ひとつのシステムを形成しています。そのシステムは計算にもとづく合目的性、ということは**有限な合目的性**によって機能しており、したがって**明らかに枯渇しうる**ものです。

このシステムによって生み出されるのは群衆の付和雷同的な行動であり、一般に信じられているような個性あふれる行動などではないのです。「われわれは個人主義の社会に生きている」というのは真っ赤な嘘、このうえないまやかしであり、しかも誰もそれを意識していないだけにいっそう並はずれた嘘なのです。それが途方もないものであるほど嘘の効果は増すらしく、そればかりかその嘘はまるで誰にも責任がないかのようなのです。われわれが畜群の社会に生きていることをニーチェはとっくに見越していました。この社会を個人主義社会だと信じる人もいます。というのも、公的ならびに民間機関の最高責任者に至るまで、またマーケティングや消費の組織化の刻印を押された取り入れのプロセスの極細部においてまでも、エゴイズムが生活信条の地位を占めるようになっているのですから。しかし本来の個人主義はこのようなエゴイズムとは何の関わりもありません。個人主義とは個を開花させようとするものですが、その個とはつねに、「**私**」と「**われわれ**」が不可分となったもの、ある「**われわれ**」の中にいる「**私**」であり、そしてその「**われわれ**」とは、複数の「**私**」たちで構成され、複数の「**私**」たちによって体現されるものなのです。しかし個人と集団を対立させれば、個体化は社会の分裂へと変貌してしまい、そのような社会の原子化によって付和雷同的な群れが生み出されるのです。私が講演の冒頭で触れた暴力――「野蛮なガキども sauvageons」*と呼ばれた若者たちの暴力――は、現在支配的にはびこっているある言説によって引き起こされています。それは、生きるとは生きるために闘うことであり、そのためには「どんな手段を使ってでも生き延びる（なんとかする

se débrouiller)」ということを正当化するような言説です。「闘え！ Battez-vous」というのがそのような見地に立ったときのスローガンなのです。このような偽個人主義的な物言いは品位に欠けると同時に、それ自体が人間の品位をおとしめるものでもあり――闘うのは獣の群れのオスですから――、日々の生活の中できわめてエゴイスト的な行動を生み出すことになるでしょう。そのような行動はナルシシズムの衰退と結びつき、すなわちいかなる限界も認識できなくなるその結果として、あらゆる違反行為への扉を開くことになるのです。

＊野蛮なガキども sauvageons　一九九八年、当時ジョスパン内閣で内務大臣だったジャン＝ピエール・シュベヌマンは治安問題を語る中で、街中での暴動の原因として「バーチャル世界を生きる野蛮なガキども」について言及した。若者による暴力事件が生じるたびにこのような政治家の発言は繰り返され、二〇〇五年にフランス全土の郊外で騒動が起きた際には、当時の内相サルコジ（二〇〇七年より大統領）は郊外の若者を「社会のクズ」と呼び、物議を醸した。だがサルコジの発言はきわめて戦略的である。彼の挑発に乗った若者がさらなる暴動を引き起こし、それがテレビで放映されれば、恐怖を抱いた保守層は、秩序と権威の復権を掲げるサルコジを支持することになるのだから。

「ファミリー」と崩壊

暦と地図のシステムはこれまでは、太古の〈記憶にない〉出来事の記憶、すなわち〈国や政体の〉創立という虚構《フィクション》を編成するものでした（必然的に神話であるがゆえに絶対的な過去を作り上げるこのような虚構《フィクション》は、絶対的な未来を映し出す特異な鏡なのです）。このシステムによって成員間の親近感が生じ、それによってまさに調和が生まれます。暦とは親近感、すなわち友愛《フィリア》、愛、欲望を開くものなのです。ヴァンス・パッカード(14)*が的確に示しているように、文化産業はこのような欲望の親近感を生み出すことを目指し、そのために消費者のリビドーのエネルギーをキャッチし誘導しようとします。この消費者とは、消費財のメーカーが委任した広告代理店にとっては視聴者なのです。あらゆるものが組み込まれた全体像が見えてきたでしょうか。つまり象徴やムネモテクニック（記憶術）、暦や地図に関わるシステムが、消費財や物質財の生産の技術システムと結びつき、それらに統合され、すなわち従属してしまっているということです。そしてすべては、テレビという装置が遠隔 - 操作 télé-action の装置との融合に向かうというひとつの同じシステムにつながっていくのです。いずれテレビは、番組を見ながら製品を注文し、それを注文することで「在庫の補充」を始動させ、それによって製品の生産を発注させるといった一連の動作にアクセスするための端末となっていくでしょう。この遠隔 - 操作の端末を、たとえば家でテレビ番組を見ながら消費活動をおこなうための、あるいは会社内で生産ラインを操作するための道具として、使うこともできるのです。このような変化は、社会の構造の歴史という観点から見れば、「生産技術のシステム」と「暦と地図（時間と空間）」を共有するためのムネモテクニックのシステム」をひとつに統合するということなのです。

＊ヴァンス・パッカード Vance Packard（1914–96） アメリカのジャーナリスト。広告宣伝の手法を分析した。

しかしこのような統合は、「**私**」と「**われわれ**」が（互いを映し合う鏡として）交差するナルシシズムを破壊することに他なりません。ナルシシズムの崩壊は、私がハイパーシンクロニゼーションと呼んだもの[15]が組織化されることでもたらされるのです。暦とはそもそもシンクロニゼーション（共時化、一体化）の装置であり、つまり「**われわれ**」が一堂に会する期日を定めるものです。しかしこのように「**われわれ**」として同調するべき時が定まることで、逆にディアクロニーも可能になるのです。ところが文化産業の発展はハイパーシンクロニゼーションをもたらすことでディアクロニゼーションを排除し、しかも逆説的なことに、ハイパーディアクロニゼーションを生み出してしまうのです。ハイパーディアクロニゼーションとはつまり、象徴に関する領域から切り離され、個人と集団の時間が分離してしまうことであり、ディアクロニックなものとシンクロニックなものが分‐解 dé-composition してしまうということです。* 集団の生活様態が破壊されると、たとえば子供は夜七時に家に帰り冷蔵庫にあるもので一人で食事をし、父親は同じことを八時にするというように、家族がばらばらに一人で食事

をするようになります。皆が決まった時間に会うことがあるとすれば、テレビの

＊シンクロニゼーション synchronisation と**ディアクロニゼーション** diachronisation　シンクロニゼーション（シンクロする）とは、共通の時間を生き、同調すること、つまり「われわれ」として過去を共有し、象徴的な同じ時間に参加するプロセスである。一方ディアクロニゼーションとは、その「われわれ」に共通の過去の遺産を、それぞれの「私」が自分なりに生かす、つまり共通の時間から離れ（dia-《ディア》という接頭辞はここでは「離れる」「隔たる」という意味である——したがってディアクロニゼーションは「通時」とは訳せない）、自分の時間を生きるというプロセスを示す。この二つのプロセスが組み合い、拮抗することで、社会は構成されていく。ところが、同じ商品を大量消費させるためのマーケティングが文化産業を利用し、大規模の視聴者に向けて同じシンボルを配給し続けた結果、消費者が互いに模倣し合い、同じようなライフスタイルを選ぶ大衆社会が生まれることになった。こうして個々の特異性／唯一性つまりディアクロニー（「自分」だけの時間を生きること）が失われていく状態が、過剰な共時化を意味する「ハイパーシンクロニゼーション」である。ところがこのような模倣社会は、一見逆説的だが実は必然的に、無数の小集団へと分裂してしまうのである。なぜなら「個」として生きられない者たちは、自分が属している社会の全体像を見渡すことができず、自分の置かれた立場も全うすべき責任もわからないため、とりあえずそばにいる似たもの同士でくっつき、とりあえず偉そうなリーダーに従い、非常に排他的なグループを作ってしまうからである。こうしてハイパーシンクロニゼーションは、結局人間が原子化し、社会がまとまりを失って分裂するハイパーディアクロニゼーションを生み出すのである。

ニュースの時間くらいなものでしょう。暦のように日時を定めるものがあるとしても、それはもうその土地ならではのものでも、家族のものでも、国や宗教のものでもありません。スケジュールを決めているのはもはや「**われわれ**」ではなく、消費のためのテレビという巨大なシステムなのです。ブラッドベリ〔アメリカの小説家、一九二〇―〕の小説から構想を得たトリュフォー〔フランスの映画監督、一九三二―八四〕の映画『華氏451』（一九六六）では、そのようなテレビのシステムはまさに「ファミリー」と名付けられていました。

　ところで目下、政治が絡んだリアリティ・ショー的テレビ番組が登場しようとしています。政治家がある一般家庭に滞在する様子を放映する、そんな番組です。

　TF1〔フランスのテレビ局〕は八月二七日水曜、新年度恒例の記者会見において、「**政治家と一般市民の距離を近付けるための**」新番組の制作を発表した。『三六時間』*（仮題）というこの番組は、リュト・エルクリエフの司会で、一般視聴者の家庭および職場に約二日間（三六時間）「**政治家を潜入さ**

せる」というものである。このシリーズ番組は2P2L社が担当するが、これは一九九八年にサッカーのナショナルチームに密着した番組『Les yeux dans les Bleus』（日本で放映されたときのタイトルは『トリコロールたちとの日々』）を作った番組制作会社である。[16]

＊**「三六時間」** この番組は結局実現しなかった。

失望感

　このようにハイパーシンクロニゼーションがハイパーディアクロニゼーションを生み出すのは、ハイパーシンボル hyper-symboles（シンクロニゼーションはシンボル（象徴）によって生じるのですから）が**ハイパーディアボル** hyper-diaboles を生み出し、つまりは社会が分裂 dia-bolisation、原子化し、人々のつながりが失われていくからです。* というのも、ハイパーシンクロニゼーションが生じると、シンクロニゼーションの装置にリビドーが向かわなくなっていくのです。このようなリビドーの衰退、すなわち**愛着がなくなっていく**という傾向は、視聴者とメディアの関係についての調査においてかなり矛盾したかたちで表明されています。「テレビなんてもう信じていません。テレビは見ますけど、でも本当は嫌なんです」。テレビについて訊かれた人たちはこのように答えています。TF1の番組編成についてどう思うか尋ねると、たいていの人は「面白くない、アルテ Arte〔フランスとドイツの共同テレビチャンネル。芸術・教養番組のためのチャンネルとされる〕の方がましだ」と答えながら、それでいてTF1を見ていることを認めるのです。なかには「どのテレビ局も駄目、アルテも他のチャンネルと同じになってしまった」と言う人もいますが、しかしながらそういう人たちも結局は

＊シンボル symbole と**ディアボル** diabole　シンボル（象徴）とはある「われわれ」という集団の成員が分かち合うものであり、その「われわれ」を担保するものである。一方ディアボルとはスティグレールがギリシャ語の *diaballein* という語をもとに作り出した概念である。*diaballein* の第一の意味は「一様なもののあいだに道を開く、そのあいだを通る」ことであり、そこから「分裂」という第二の意味が生じた。この語から生まれたディアボルとは、各自が個々の時間を生きることで、シンボルによって統一された「われわれ」には完全には組み込まれない「私」の特異性が開かれ、それによって「われわれ」の個体化の均衡が崩れることでまさにその個体化が促進されるという事態を示す操作概念である。ところが社会の構成に欠かせないこのシンボルとディアボルの組み合いという枠組みが、先に見たハイパーシンクロニゼーションによって現在脅かされている。文化産業が大量生産し世界中に配給するシンボルは、欲望や愛着の対象となる「われわれ」をもはや生み出さないハイパーシンボルであり、それはまた同時に、未来に開かれた変わりゆく「私」を生まないハイパーディアボルでもある。こうして「私」と「われわれ」の分裂だけがもたらされるディアボリック（悪魔的）な事態が生じているのである。

そのアルテや他のチャンネルを見ているというのです。

この明らかな矛盾は、私が**生きづらさ** mal-être * と呼んだものの徴候なのですが、アナリストや専門家、コメンテーターたちはほとんどの場合この矛盾について大したことを理解していません。私の目から見れば、状況はかなりはっきりしていると思うのですが。たとえば、国民戦線への票が増えたとき、今後の政治の成り行きを知ろうとすればＴＦ１を見ざるをえません。選択の余地などないのです。このチャンネルを見たくなくても見なければならないのです。だからといってＴＦ１が国民戦線の躍進の原因だと言っているわけではありません。今やコンテンツ産業――フランスではＴＦ１がその代表なのですが――の生み出す暦（スケジュール）に関するシステム全体が、「**われわれ**」を編成するあらたな装置となっているのですが、ところがその展開はわれわれを**失望させる**ものでしかないのです。そしてその失望感こそが、国民戦線への投票につながった根本的なそして**第一の**要因なのです。唯一の原因でないとしても、それは他の**すべて**を条件付けています。文化産業によって作られる視聴者《オーディエンス》 audiences というまとまりは、友愛《フィリア》を生み出し欲望を創出するような「**われわれ**」を形成しません。仮に「われわれ」的なまとまりが存在するとしても、それはむしろ憎しみや嫌悪を――そしてまず自己嫌悪を――生むような集団にすぎないのです。他にもっとやるべきことがあるはずだとわかっていながらテレビをだらだらと見てしまった後に、そのような**自分にうんざりしてしまう**といった経験が誰にでもあるでしょう。そのような意味で、まだ「**われわれ**」というものがあるとするなら、全くもって「**われわれ」が欠けている**という思いでしかないのです(17)*。

＊生きづらさ mal-être と「**われわれ」が欠けているという思い**　これらについては、ベルナール・スティグレール『象徴の貧困』前掲、第2章「あたかも「われわれ」が欠けているかのように」および Bernard Stiegler, *La Technique et le Temps 3. Le temps du cinéma et la question du mal-être, op. cit.* を参照。

時間の破壊

ハイパーシンクロニゼーションについてを分析しそれが人間にどんな荒廃をもたらすかを暴くにしても、そこで重要なのはシンクロニーとディアクロニーを対立させないということであり、それこそが方法論なのです。対立 opposition ではなく、共立（組み合い）composition によって考察しなければなりません。ここで用いている「私」「われわれ」「ディアクロニー」「シンクロニー」といった語が示しているのは、互いに対立させることなく区別するべき項であり、またそれらはつねに組み合っているものなのです。たとえば言語 langue というものはシンクロニックな境域でありながら（ソシュールから学んだように）、そこにこそディアクロニーがあります。私が話し、皆さんが私の話を聞くのは、私が皆さんとは完全にはシンクロしていないからです。にもかかわらず私が皆さんに話をすることができるのは、私のディアクロニーが皆さんとシンクロしようとする傾向にあるからなのです。言語とはシンクロニーとディアクロニーの結節点であり、つまり二つの傾向が組み合うことです。二つの傾向はそれぞれ力でもあるので、それらの組み合いによって力学的なプロセスが生成するのです。ですからこれらの傾向が分解してしまうと、言語は死んでしまうでしょう。シンボルの「ディアボル化」と私が呼んでいる事態は、このような分解の結果なのです。

われわれは普通、物事を組み合わせるよりは対立させようとします。しかしわれわれがこのようにごくあたりまえの常識としておこなっていることをはるかに超えて、時間をインダストリアル的に搾取しようという動きが起こっているのです。それは文化産業が作る暦や地図のシステムを介しておこなわれ、**構造的かつ組織的に**シンクロニーとディアクロニーを分解（分解 décomposition という語は壊死を感じさせるその意味で）させてしまうものです。言い換えれば、インダストリアル的な「暦の運用」は、**時間というものを破壊してしまう**のです。また別の言い方をすれば、時間（意識の時間――それはいまやひとつの市場となってしまったのですが）をインダストリアル的に搾取するとは、エントロピーに向かうことであり、それは生成と未来の差異を失わせてしまうことなのです。まさにその結果として、深刻な生きづらさや、嫌悪、欲望の瓦解という徴候が生じています。——こういったことを私は他所では「不能、欲望が萎えること débandade」と呼びました——つまり時間というものがもう張りつめなくなるのです。

時間的な商品

物事を考えるとき私は大体いつも、主にベルクソンやフロイトやニーチェにならって、傾向 tendances という用語を使って論を進めようとしています。シンクロニーとディアクロニーを対立させてはならないのは、フロイトが最初は快楽原則を現実原則の「対立項」と考えていたのに、やがて快楽原則は現実原則によって**構成される**と考えるに至ったのと同じ理由からです。快楽原則は現実原則のうちで仕組まれたり、解決したりするのであり、これらの動詞が示すように、重要なのはいつもそのプロセスなのです。

シンクロニックなものとディアクロニックなものの破壊、すなわち「**私**」というものと「**われわれ**」というものの分-解（そこで「**私**」も「**われわれ**」も瓦解してしまいます）は、消費によって——つまり消費させるために**ニーズを作り出す**方策をシステマティックに搾取することによって——引き起こされるのですが、その破壊のプロセスによって、リビドーのエネルギーが徐々に衰え枯渇してしまうのです。テレビを見るということも財の消費であり、ここでの財とは、フッサールが時間的なもの――ここでは商業的に作られた時間的なもの、つまり時間的商品なのですが――と呼んだものののカテゴリーに属する消費財です。一般に時間的なものとは、時間の意識の対象でありながら、その意識と同時に流れていくようなものを指します。というのも、意識そのものが過ぎ去っていくものであり、意識とは本質的に時間的なのです。つまり、意識は絶えず移行し、他の時間的なものと全く同様に始まりと終わりがあり、その始まりと終わりのあいだでは意識とは時間の流れでしかありません。さて、そのような「意識」としての皆さんがある番組や映画を見るとき、皆さんの意識の時間は番組や映画の中で移りゆき、意識の対象であるその時間的なもの（番組や映画）にぴったりと沿うことになります。もしそれが各自のデッキで見るビデオではなく、テレビ番組、たとえばサッカーのワールドカップだったとしたら、何千万の人たちが皆さんと同時にそれを見ることになり、皆さんはそれら何千万の意識とシンクロし、ひとつの同じ

時間意識の中にいることになるのです。

このようなシンクロニゼーションはやがて、考えうるあらゆるディアクロニゼーションと対立していくようになります。**こうして**、シンクロニックなものとディアクロニックなものの分‐解が生じていくのです。さてここで、時間的なものという概念についてを掘り下げて、商品となった時間的なものはどのような特性や影響力を持つのか、またそれらによっていかに意識がシンクロし、ディアクロニシティひいてはリビドーエネルギーが衰退していくのかを見極めなければなりません。私がフッサールにならって「時間的なもの」と呼んでいるのは、意識の対象となりその移行が意識の流れと一致するもの、それ自体が流れであり時間につれての移行**として**のみ構成されるもののことです。その範例となるのはメロディーでしょう。時間的なものとは**過去把持と未来予持によって織りなされた織物**なのです。さて、このような過去把持と未来予持のプロセスは、意識一般の時間性にも張り巡らされています。それゆえ時間的なものは同時に、意識のこのプロセスになんらかの修正をほどこすことができ、ある程度までそれに影響を与え、ひいてはコントロールすることさえできるのです。このようなプロセスがもっともよく形式化されるのは音楽においてであり、たとえば軍隊や宗教における音楽の機能がそれにあたるでしょう。

あるメロディーの「今」において、つまり流れていく音楽的なものの現在の瞬間において、現前する音が単なる物理的な音ではなく楽音となるのは、**その音が先行する前の音をみずからのうちに引き留めて**、前の音がそこに残っているからです。**まだ現前している**前の音はそれ自身その前の音を引き留めており、引き留められたその音もそのまた前の音を…と続いているのです。**知覚の現在に属しているこのような第一次過去把持を、第二次過去把持**と混同してはなりません。第二次過去把持というのは、たとえば昨日聞いたメロディーを、思い出すという働きによって**頭の中**でもう一度聞けるということであり、この第二次過去把持が私の意識の**過去**を構成しています。フッサールも、知覚（第一次過去把持）と再生的想像力（第二次過去把持）を混同してはならないと言っていました〔フッサール『内的時間意識の現象学講義』を参照〕。

蓄音機の発明以前は、全く同じメロディーを二度続けて聴くことは物理的に絶対に不可能でした。ところが録音 phonogramme〔音を記号化すること〕――それ自体、私が**第三次過去把持**（記憶を外在化させるための道具）と呼ぶものなのですが――の登場以来、同じ時間的なものを同一のかたちで再生することが可能になり、それによって過去把持のプロセスをより理解することができるようになりました。録音の技術によってわかったのは、同じ時間的な**もの**が二度続けて生起するとき、その同じものは二つの異なる時間的**現象**を生むということです。それは最初の現象と二回目の現象では第一次過去把持が変化するということを意味しています。つまり、最初に聞いたときの過去把持が第二次過去把持となって、二回目に聞くときの第一次過去把持において選別の役割を果たすということです。これはいつでも起こっていたことなのですが、録音という第三次過去把持によって明らかに証明されました。他方、**第三次化された時間的なもの**、つまり記録され、加工・放送しうる記号に一時的に変換された時間的なもの（録音や映画、ラジオ・テレビ番組など）は物質化された時間となり、それは第一次過去把持と第二次過去把持の関係一般を条件決定し、またそうすることでそれらをある意味でコントロールできるようになるのです。

今日、われわれの意識の流れにリズムを与えそれらを織りなすのは、まずこのような時間的商品であり、その頻度はますます高まってきました。さらに現在進められているテクノロジーの変化によって、われわれはインダストリアルな段階からハイパーインダストリアルと呼べるような段階に移行しつつあります。それは文化や精神の世界全体が、テクノインダストリアルの巨大なシステムに統合されるという段階です。このシステムにおいては、象徴や他のいわゆる「精神の糧」となるものの生産や普及の装置が、物質財の生産の装置と同じものになってしまうのです。テレビの受像器がいずれ遠隔行動の端末になるとき、テレビとは単に番組を見るための道具ではなくなり、番組をきっかけに購買や生産の発注が可能になるといった、生産と消費を直結させるグローバルなインダストリアルシステムのさまざまな機能を担うことになるでしょう。

象徴の貧困をはびこらせる第二次過去把持の画一化

一千万の人々が同じ番組——同じオーディオビジュアルの時間的商品——を見るとき、その人たちの時間の流れはシンクロします。もちろん、その人たちの過去把持における選別の基準はそれぞれ異なっていて、したがって同じ現象を知覚するというわけではありません。見ているものについて全員が同じことを考えたりはしないのです。しかし**第一次過去把持の選別の基準**を作り上げていくのが**第二次過去把持**だとしたら、人々が毎日同じ番組を見ていれば、彼らの「意識」は当然**ますます同じ第二次過去把持**を共有することになり、したがって同じ第一次過去把持を選別するようになるでしょう。それらの意識はあまりにシンクロした結果、自分の**ディアクロニー**すなわち特異性を失うことになります。それはつまり自由を失うことであり、そして自由とは何かといえば、それはつねに**思考の自由**なのです。

シンクロニックとディアクロニックが分‐解すれば、イディオム性と記号操作一般（記号を使えるとは「意味を‐なす signi-fiant」ということ、つまり「**無意味ではない** non-insignifiant ようにする」ということです）も分解され機能しなくなります。本源的ナルシシズムが破壊されると、自分に敬意を払うことができなくなり（自分のディアクロニーを失った自己は、もはや自己への欲望を抱くことができませんから）、その結果あらゆる違反行為が可能になってしまいます。ナルシシズムが破壊されるということは、本来あるべき姿の「**われわれ**」も破壊され、付和雷同的群衆である「**みんな** on」と化してしまうことであり、まさにその「みんな」という大衆こそが、二〇世紀のあらゆる政治的厄災を引き起こしてきたのです。そして殺人犯リシャール・デュルンの苦悩もまず、**意味を生み出す** signifier **ことができない**ということでした。彼は日記に、すべてが自分には無意味に見え、自分で意味をもたらすことができないと書いています[18]。彼は個体化、つまり個（分かちえない自分自身）になろうとするプロセスに参加することができませんでした。というのも個となるとは、存在する exister すなわち**自己の外**

に - 出る *ex-sistere* ことであり、それは個体化の**手応え**（consistance 他と共に成立するということ）すなわち個体化という同じプロセスに存在する**もの**や**人たち**の**必然性**と**収束**を実感するということなのです。このプロセスは、「一（ひとつのまとまり）」としての「**われわれ**」の未来の投影でありながら、このプロセスこそが個々の差異や多様性の場を根本的に確保します。となると、リシャール・デュルンがぶつかっていたのはまさに非 - 意味 a-signifiance と呼ぶべき壁であり、それは単なる無意味 insignifiance をはるかに超えた、意味生成 signifiance の限界であり、その限界があまりに耐え難いものであったがゆえに、彼は殺戮行為を引き起こすに至ったのです。これは意味をなすものが破壊されることによって至る**象徴の貧困**の結果です。そしてこの貧困からは、実は誰も逃れることはできません。象徴の貧困はいつも重くのしかかり、幽霊のようにうろついていて、たとえばせっかく夕食を共にしても、ほとんどの場合はもう、ろくに話すことがないといったありさまなのです。

象徴面での参加が失われたことによる個体化の破壊
そしてフランスにおける二〇〇二年四月二一日

ルロワ＝グーランは〔象徴の生産への〕**参加の衰退**という概念を繰り広げます。それに近いものとして私は**個体化の衰退**を取り上げ、それによってナルシシズム的な投影の能力、つまりリビドーが破壊されるということをここまでお話ししてきました。さて、ルロワ＝グーランにおいて参加の衰退は、彼が**超大民族集団** méga-ethnie の登場と呼ぶ事態によって限界に達します。超大民族集団の出現と、感性面（美に関する面）における参加の機会の消滅という事態——これは人間の象徴を創り出す能力 facultés symboliques がインダストリアルな装置に外化し、専門化してしまうという現象に呼応しています——は切り離して理解することはできません。ルロワ＝グーランはこう言います。

表象、象形 figuration は、民族の永続性を保つためになされる社会におけ

> る表明 manifestations と［…］不可分なのである［…］
> …民族の永続性とはつまり、「**われわれ**」というものの心的かつ集団的な個体化のプロセスを指し、そのプロセスのただなかで「**私**」も個となっていくのです。そのことは第二部で詳しく説明することにします。

> この見地からすれば、象形という面での人々の参加の度合いはその集団の技術‐経済の特徴と連動している。表象の専門化すなわち俳優と観客の分離は、近代の大衆において頂点に達し、大多数の個は、もはや社会において何かを象徴によって表現するという役割を果たすことがほとんどできない。さらにまた近代の大衆社会では、テレビという手段によって、あらゆる威信誇示の表出が、単なる見せ物の状態にまで切りつめられてしまっている。(19)

さて、この象徴を創り上げるというその**創造性**は個体化の条件なのです。個体化というプロセスは回路であり、そこを通って個人の記憶つまり心的な個体化、イディオム的な差異化の特異な先端が、集団の記憶すなわち集団的個体化のうちに戻っていくのです。集団的個体化は個々の特異性――この個々の特異性があるからこそ集団的個体化は更新され、また続行されます――の共成立 consistance として生じます。ところがこの集団的個体化は、超大民族集団が出現することで本質において脅かされています。それは象徴に関する創造性が専門化してしまうからなのです。

人間のたどる道が超大民族集団に向かうのは必至である。超大民族集団 méga-ethnie とは、核兵器の威力を示すために作り出した「大量死 mégamort」のような地球規模の計測単位である。したがって、動物学的な流れから逃れ続けるための道があるとすれば知りたいものだ。なぜなら結局のところ、重要なのは、人間を十分に「サピエンス」な状態に保って、社会という機構の生産性を妨げるような非人間化 déshumanisation を避けることなのだから。

別の言い方をすれば、あらたな外在化つまり社会的な象徴体系の外在化が進行しているということではないだろうか。実際、そのプロセスはすでに十分進行し、それがどこに向かっているのかはっきりと見てとることができる。［…］たとえば、いくつかの製鉄センターで鉄の加工全体が完全に自動化されるといった時代の到来は、今や目前に迫っている。そのような変化は石油に関してはすでに実現している。製品の多様化がいかに進もうとも、そんなことで進歩が妨げられるわけではない。また各国家が、不確実な兵力などにもはや頼らなくても、無数の大量死をエレクトロニクスの司令盤から間接的に操作できるようになる、そんな時代がすでに見えている。技術的にはそれはもう可能なのだ(20)。

こうして、湾岸戦争が実際に起こることになりました。生産や破壊を自動的に処理できるようになったことは、今や外在化のプロセスとして、象徴交換一般にも影響を与えています。とはいえ、ルロワ＝グーランが言うように、象徴交換はもっとも生に直結した場面においては、還元不可能なものにも見えます。つまり、求愛のための誇示活動《ディスプレイ》を通じ、家庭という核を構成かつ安定させることによって、種は繁殖していくのですが、そこにおいてはいまだに個々が感性面で直接参加する必要があるようです。なにしろその場合、各自のリビドーが現勢化し〔潜在的なものが現実態となること〕、なんとかして行為に移行しなければならないわけですから。

個の社会化に関して、オーディオビジュアルの技術は、現在不完全なかたちながらもすでに大変効果的な代用品を提供している。われわれはまだ十分生きながらえており、町の労働者は今も時には日常生活の場から出て、スポーツの試合を見たり釣りをしたりパレードを見に行ったりしている。労働者はまだ、限定的ながらも、世の中との関係を有し、社交的な活動に参加することができる。しかしながら、日常生活のサイクル以外で人と直接の関係を持てるような活動は、思春期から結婚前の時期――つまり直接参加することが集団の存続のために必要な時期――にますます局限されてきている。繁殖に適した家畜に対してすでにおこなわれているような人工授精の段階に至るのでない限り、今のところは、社会的な最低限の美的活動は性的な成熟期においては存続しそうである。昆虫の群れにおいてはそもそもその時期だけが唯一、生殖に関与する少数派の、幾分独立した行動が見られる時期なのだ。(21)*

*ルロワ＝グーランによれば、人類とはこれまで動物学的進化の拘束を凌駕してきた存在である。というのも人間の各器官は限定的な機能に向けて完全に進化することなく、まさにそれゆえに、人間はほぼあらゆることをなしうる身体を持ち、欠陥を補う技術という外在化の手段を持つに至ったからである。しかし人間がこのようにして自由を享受したことは、一つの段階にすぎないのかもしれないとルロワ＝グーランは指摘する。なぜなら現在進行している象徴的な機能の外在化によって、このまま個の社会への参加が不可能になっていき、感性や想像力そして自由が奪われていくとしたら、人類はホモ・サピエンスという段階を超えて、結局は超‐進化した動物（昆虫のように完全にシンクロする組織）へと向かうのかもしれないのだから。アンドレ・ルロワ＝グーラン『身ぶりと言葉』荒木亮訳、新潮社、一九七三参照（ただし本書のルロワ＝グーランの引用はすべて、本書の訳者が原典から訳したものである）。

この本〔ルロワ＝グーラン『身ぶりと言葉』〕が出版されたのは一九六五年のことでした。その後生殖医療技術が登場し、初の試験管ベビーは一九七七年に誕生しました。こうして有性生殖は**受動的**に成り立つもの、つまり生殖に先立ちまた引き続くはずだったきわめて複雑な感性面での一連の営為なしでも可能なものとなったのです。そしてその結果、さまざまな欲求不満が生じるであろうことが危惧されています。また同様に、感性面での参加――それは先ほど述べたように、個々の特異な第二次過去把持を動員することなのですが――ばかりか、ルロワ＝グーランが分析するように、知的、身体的、官能的そして手作業という面においても参加ができなくなると、その結果人は**無感覚**、**無感動**になってしまい、それは文字通り破局的な事態となるのです。

手作業による発見、すなわち職人仕事における人と物（材料）との個性的な出会いという経験が失われることで、個人の感性を更新するためのひとつの出口が遮断されてしまった。他方では、芸術の普及によって大衆は、地球上の文化的蓄積の上で受け身で生きることになる。冒険において起こったことが芸術においても起こり、中国の画家やマヤの彫刻も、カウボーイやズールー族〔南アフリカの民族〕と同様萎縮していくだろう。なにしろ、感じるためには最低限の参加が必要なのだから。個々にとっての芸術の分け前が限定されてしまうということは、運動機能の低下と同様に、ホモ・サピエンスの未来のために重大な問題なのだ[22]。

「感じるためには最小限の参加が必要」だというのに、消費の世界規模での組織化によってハイパーシンクロニゼーション――あらゆるディアクロニーの否定――が生じた結果、今や感受性の鈍化という状態がもたらされています。そこから生じる果てしない苦痛、苦痛の限界にある苦痛、もうほとんど何も感じられないというこのうえなく危険な状態、意味というものの貧困、そして意味を‐作り出す、つまりは存在することができなくなるということ、これらが二〇〇二年四月二一日の大統領選の投票、さらには今日世界中の絶望した人たちのあらゆる行動によって示されていることなのです。そのような行動のひとつであったリシャール・デュルンの殺戮行為は、個体化の喪失の極限での個の表現、個となることができないその極限における個の表現だったと言えるでしょう。

第2章

心的かつ集団的個体化のプロセスの破壊と、「悪」について

「みんな」――もう証人はいない

文化産業は市場《マーケット》を作り出すためのものです。オーディオビジュアルの時間的商品〔CMや映画など〕によっていろいろな行動や振る舞いの規範が大衆に広まるのですが、このようにまず行動の型を取り入れることで、消費者はあらたな製品を取り入れるのです。資本主義の本質は需要を生み出すことである、とマルクスはすでに言っていました。そして今日、行動様式をこのように産業的に作り上げるということが、まさに弊害を生んでいるのです。こうした消費の形態はエントロピーを生むプロセスであり、文化のエコロジーという問題を提起しているということを、ジェレミー・リフキン[1]やナオミ・クライン[2]も別の観点にもとづいてですが指摘しています。またアンドレ・ゴルツは近著[3]の中で、フロイトの甥のエドワード・バーネイ*がいかにしてマーケティングというファンタスムのテクノロジーを発明したのかについて取り上げていました──もっともそのことをヴァンス・パッカードは一九五〇年代にはすでに理解していたのですが[4]。

時間的なものの力が産業的に利用されることによって、やがて意識の欲望が憔悴していきます。欲望の土台となるのは個々の特異性と、自我のもつ他性を映し出す像《イマージュ》としてのナルシシズムなのですから。**欲望**はこうして萎えていき、消費者が抱く嫌悪感によって消費そのものも今後鈍っていくことでしょう。嫌悪 dégoût とは、まさに**自分の嗜好 goût を破壊すること**なのですから。たとえば私がテレビ番組を見て五二分間過ごすとすれば、私の意識はその五二分間を、テレビ番組という時間的なものの中で生きたことになります。また映画館でなら、私は

＊エドワード・バーネイ Edward Bernays (1891–1995) アメリカに亡命後、叔父フロイトの無意識の理論を用いて、PRの手法を確立したと言われる。主著 *Propaganda*, 1928.

映写室の座席にいるというよりスクリーンの中にいるのです。私の意識はこうして時間的なものの中で移行します。そして私はこのように過ごした時間を第二次過去把持として内化し、他の観客（視聴者）と共有するのです。ところでテレビ番組を企画するためには、過去把持的判断基準の代わりに何が使われるのでしょうか。実はスタンダードのパターンを決めているのはいつも同じマーケティング会社たちなのです。ですからＭ６（フランスのテレビ局）の『ロフト・ストーリー』*という番組に人気が出れば、これに似た番組がすぐＴＦ１で作られます。番組を供給するチャンネルが増えれば本来なら多様化が期待できるはずなのに、実際は現状の支配的傾向にほとんど影響を及ぼしていないのはそういうわけなのです。

　マーケティングという強制のもとで各テレビ局が用いる過去把持の画一的な基準が、こうして否応なしに視聴者の内に取り入れられていきます。毎日同じ情報源、テレビの同じ番組の時間の流れに沿うことで、皆さんはそれらの番組を見ている他の視聴者と同一の過去（世の中で起こる出来事や事件に関する過去）を取り入れることになります。つまり知らないうちになんとも異様なかたちで、他の視聴者たちとテレビの中で同じ時間に「全員集合」していることになるのです。最初は自分の分析はそのテレビ上での「隣人」とは異なっていたはずなのに──その人たちとは異なる過去を持っていたはずですから──、少しずつ、漸近的に、その違いはなくなっていくでしょう。ネゲントロピー的な、自分の特異性の支えとなるはずの自分の過去が、ゆっくりと、徐々に、しかし確実にそしてシステマティックに、テレビを見ている「みんな」の過去と同じ過去になってしまい、こうして最初は異なっていたはずの個々の「分析」がみな同じようなものになっていき、つまりもう**「分析」ではなくなってしまう**のです。

＊**『ロフト・ストーリー』** 一〇人の若い男女がひとつのロフトに閉じこもって生活する様子を一日二四時間、一〇週間にわたって撮影し、ネットやテレビで放映した「リアリティテレビ télé-réalité」番組。一〇人の参加者は視聴者の投票で徐々に排除されていき、最後に残ったカップルがそのロフトを獲得できるという一種のサバイバルゲームでもあった。参加者の露出趣味や生き残るために人を蹴落とすさま、それをのぞき見する視聴者、加熱を煽るマスコミ、悪趣味への抗議…とまさに「何でもあり」の様相が繰り広げられた。

普通なら、ある出来事が起きるのを二人の人間が見るとしたら、二人は同じ出来事のうちに二通りの異なるものを見るはずです。交通事故の例を挙げてみましょう。怪我人が一人いて、目撃者が三人いて、運転手が責任を問われているとします。三人の目撃者は事故について三通りの証言をします。三人が事故の原因をそれぞれ違うように捉えたのは、その三人が同じ場所にはいなかったからだとわれわれはつい考えがちです。そしてその考え方はある程度は正しいでしょう。でも私はそれより、目撃者の見方の違いは彼らが同じ過去を有してはおらず、したがって物事を同じようには見ないということによって生じるのだと思います。どういうことかというと、まず最初に、**過去というものはいろいろな期待を支えるもの、つまり期待の地平を形作るものなのです。この期待の地平は過去に見合った固有なもので、それによって出来事が受け入れられ、また出来事に遭遇する人の感覚は強化されます。**記憶とそれに相関する期待、つまり過去把持と未来予持によって作られる「能力 compétence」によって人は物事を見るのであり、その能力が、ある言語学者たちの言い方を借りれば、「運用 performance」を与えるのです。その運用とは、たとえば私が目撃した出来事であり、それが言語化されて調書（フランス語ではその調書のことをまさに「言語化の手続き procés-verbal」と呼ぶのですが）というかたちになるのです。

しかし、もしも少しずつ、私の意識に生起することがすべて「〈同じテレビを見ている〉隣人」の意識に生起することと徐々に同じになっていくとしたら、**もう証人というものはいなくなる**でしょう。つまり「**私**」と「**われわれ**」が混同されて、両者が「**みんな**」のうちに紛れて消えてしまうと、そこにはもう証人〈自分の見方を自分の言葉で語る人〉はいないのです。こうして湾岸戦争はテレビの中の出来事として「バーチャル化」されてしまい、惨事が生中継されているというのに、それを告発する人が誰もいなかったのです。これこそまさに文化産業がもたらした事態です。そしてそれは、どのチャンネルにおいても同じことなのです。すべてのチャンネルは同じ情報源を持ち、ますます同じコメントをするようになっているのですから。チャンネルのエントロピー的な統合が、「私」たち、つまり個々の「意識」たちのディアクロニーがどんどん消滅に向かっているのと同じような理由で生じているのです。こうして生み出されるのは、「エリート」たちの考えを示す「単一思想 pensée unique」*と呼ばれるものでした。しかしそれは結局、「エリート」と想定された人たちのレベルにおいて、テレビで見たことを自分なりに消化しディアクロニーなものにするためのあらゆる差異を、商業的なシンクロニゼーションによって徐々に失効させていく、より総合的なプロセスを反映しているにすぎないのです。

***単一思想** pensée unique　ヨーロッパで通貨や市場が統合（統一）されるのと同様に、思想も経済重視という「コンセンサス」に向かい統合されていくことを危惧し、政治家の順応主義を批判するために『ル・モンド・ディプロマティック』紙の編集主幹イグナシオ・ラモネが一九九五年に使った表現。その後は左右を問わず多くの政治家が、敵対する相手やその陣営の了見の狭さ、横暴ぶりを皮肉るための便利な言い回しとして、この表現を使うようになった。

答唱——崇拝の対象

教会のミサや寺院、あるいはユダヤ教のシナゴーグやイスラムのモスクに行った人は、司式者によって、自分の唯一性（特異性）に責任を持った存在として扱われます。「私」という人間はその有責性（応答可能性）のうちに位置づけられ、ディアクロニーな存在とみなされるのです。この観点から言えば、礼拝（宗教的儀式 culte）が**原則**としているのは、互いにシンクロする者としての「**われわれ**」は、そのわれわれのシンクロニーを個々の根源的なディアクロニーのうちに位置づけることによってのみ、**善良で愛されうる**存在になるということです。それはつまり、**原則として**互いにシンクロしうる人たちというのは、**そもそもディアクロニック**な人たちなのだということです。そして参加者をシンクロさせる宗教的な集まりの目的そのものが、ディアクロニーつまり応答可能性 responsabilité（ここでは答唱 répons* という意味でこの語を使うのですが）を**強化するこ**

となのです。「応答可能性（責任）」という語で、それぞれの宗教的な礼拝を形容するのは乱暴かもしれません。しかしながら私が思うに、音楽の形式である答唱 répons としての何か、すなわち**答唱者**が司祭に応えること——すべての信者は（カトリックの典礼以外でも）このような答唱者（保証人）でなければなりません——こそが、あらゆる宗教的儀式の目的そのものとして賭けられているのです。キリスト教においてはそれは、良心 conscience と呼ばれるでしょう。それは一人で、たった一人の自分（個）として**神と対峙し、良心に恥じることなくいる** être en conscience ということ、個として**他者に責任を負う（応える）**ということなのです。

＊答唱 répons　カトリックのミサの式次第において、先唱者が歌う詩篇への返答として、先唱者以外の全員が唱和すること。答唱の「答」とは、先唱者と会衆が互いに応答し心を通わせるということに加え、先だって朗読された神の言葉に対する人間の応答を意味する。

グローバル・オーディエンス

われわれの「良心＝意識」は文化産業によってメディアを通じ砲撃されています。文化産業のうち「メディア」と呼ばれるものに含まれる出版・報道機関は、ますます他の文化産業と見分けがつかなくなっていきます——ですから今後、ジャーナリストという高尚とされる職業の名誉は、どれだけ互いに異なるものになれるかというものさしで測られることになるでしょう。さて、われわれの意識がこのように集中砲撃を受けているのは、その意識が**われわれの身体に宿る**からであり、その身体が消費するからなのです。**マス市場によって規模の経済を実現するためには**、これらの身体の行動を意識の操作を経てシンクロさせなければなりません。そしてその意識は加工するための材料として売られているのです。それをティエリー・ゴーダン*（九七頁）は、もう一五年以上も前ですが、「オーディエンス」**（九七頁）と呼びました。このオーディエンスには値が付けられます。というのはオーディエンスはメタ‐市場を構成するからです。市場、たとえば歯磨き粉や携帯電話や車のオプショナルパーツの市場は、視聴者のメタ‐市場を経由するのです。ある製品を市場に導入したいなら、生産性を良くしたり製品そのものを工夫したりするより、規模の経済によって収益率を上げられるような市場にアクセスできるかどうかが問題なのです。大事なのはつねにより広大なオーディエンスを獲得することです。なぜなら経済戦争の現段階では、産業投資を償却するためには世界市場を狙わなければなりませんから。それゆえ暦というものが、今や仮借なきまでに世界をシンクロさせるシステムとなっているのです。これこそサッカーのワールドカップの歴史的意味と言えるでしょう(5)。ワールドカップはグローバルなイベントの先駆けであり、この数十年間で、消費させる〔経済効果を生み出す〕装置としての典型的なイベントとなりました。しかもそれは、スポーツという「**われわれ**」の本源的ナルシシズムを昂揚させる古代からのすぐれた実践の名の下でおこなわれているのです。

＊（九五頁）**ティエリー・ゴーダン** Thierry Gaudin（1940–）「プロスペクティブ二一〇〇」という団体を主宰し、技術と社会の相互に影響を及ぼし合う変化について研究している。二〇〇一年に来日。

＊＊（九五頁）**オーディエンス** audience　一般的にはコミュニケーション、特に映画やテレビの「視聴者」を表すために使われる言葉。本書の文脈では、映像の制作者や広告主の側から見た視聴者、つまり想定され、操作され、作り上げられる「受け手」を指す。

ナルシシズム、ディアクロニー、通約不可能性

暦はこのようにシンクロニゼーションのシステムと化し（そしてそこに呑み込まれてジャーナリズムは失墜していきます。報道機関はかつては世論を構築するものであったのに、今やマーケティングによって作り上げられた「一般大衆」の中に埋没してしまいました）、その結果、欲望が失われていきます。それは**欲望というものが本源的ナルシシズムに根ざし**、そして**このナルシシズムは本源的なディアクロニー**（原則としてのディアクロニー、すなわち生成に還元されえないものとしての——生成を考慮に入れなければならないにしても——時間を構成しようとする基本的な傾向）**にもとづいている**からです。自分自身を愛するということは、自分が絶対的に唯一の特異な存在であるという揺るがない確信がなければ不可能なのです。そのような自信がなければ、不安そしてやがては絶望に陥ってしまうか、あるいは群れとして固まって行動するようになるでしょう。私の時

間は絶対に単独のものであり、他者の時間に還元することができないものです。しかしそれでいて、私は同時に、ファンタスムとして、私の時間が他者の時間に還元できることを望んでもいます。たとえば「あらゆる感覚の証言に逆らって、恋する者は「我」と「汝」が一体であると主張する」[6]といった恋愛の妄想、いわゆる「大洋的な」[7]感情*において思い描くような、すべてが融合したひとつのエレメントを私は根源的に求めているのです。しかし原初的な融合の状態に戻りたいというこの欲望は本源的ナルシシズムを**基盤**としており、つまり自分が唯一の存在で**自分と他者は違う**という**内奥の確信**があってこそ、このような欲望が生まれるのです。私は、他者とシンクロできない（時間がずれる）というディアクロ

＊**「大洋的な」感情** sentiment océanique　フランスの作家ロマン・ロランは、友人フロイトへの手紙の中で、「「永遠」の感覚とでも呼びたい感情、境界も制限もない、言うなれば「大洋的な」感情」について言及し、それこそが宗教性の源泉なのだと語ったという。『文化への不安』の冒頭でフロイトは、このような没我的な感情に疑問を呈し、それを発端にナルシシズムの再考察を始めるのである。

ニーの状態によってしか存在しません。そしてこのディアクロニーが調和（ハーモニー）の条件でもあるのです。音楽においてはハーモニーをもたらすために、対位法以降の近代的意味でなら複数の楽器や声（パート）が必要ですし、また古代ギリシャの意味でなら旋法modeを作る音程の連なりが必要でした。ところがこれに対し、消費においては極度のシンクロニゼーションが生み出され、そこには「私」というものが存在しません——私はもはや「私」としてではなく「一消費者」としてターゲットになっているだけなのですから。これぞベンジャミン・フランクリン〔アメリカ独立期の政治家、一七〇六—九〇〕的見地と言えるでしょう。なにしろ彼にとっては、神の最良の徴《しるし》——その代理とまではいかなくても——がドルという貨幣になったのですから。(8)*

この見地においては、どんな人のことをも尊重しなくてはなりません。どんな貧しい人間であろうとポケットに一サンチーム残っている限り、その人は消費者として敬意を払ってもらう権利があるのです。フランクリンが「時は金なり」と言ったのは、もちろん消費の面からではなく、利益を得る義務としての労働に関してでした。彼の垂訓は、金銭的利益の追求をひとつの義務に、そしていわば神の唯一の保証に変えたのです。しかし利益は交換つまり市場があってこそ可能なわけですから、利益の無限の追求（それはここでは神の無限性の徴《しるし》なのですが）は、市場の無限の拡大、すなわち消費の無制限の強化を意味しているのです。このようなフランクリン的世界観において、**測定したり共通の尺度に揃えたり計算したり合計したりできないもの**——つまり**完全にシンクロしえない**ような何かあるいは誰かは、そもそも存在したり価値を有したりすることができるのでしょうか。

　ところが神というのは、そもそも通約不可能な（共通の尺度で測れない）存在であるとみなされています。そしてそのようなものであるからこそ、神はすべての人間との関係において、各人の通約不可能性を保証する（請け負う）のです。

＊**〜ドルという貨幣になったのですから**　アメリカのドル紙幣には一九五七年以降、「In God we trust われわれは神を信じる（われわれは神において信用する）」というモットーが掲げられている。

別の言い方をすれば、神はディアクロニックなものに応える（それを保証する）その限りにおいて、各人をシンクロさせるのです。

嫌悪と不信

文化産業が配置するシンクロニゼーションの装置とは、総合的なマーケティングシステムによって、消費者に製品を取り入れさせるためのものです。ところがこの装置によって、ディアクロニゼーション〔個々が自分の時間を生きること〕が不可能となっていき、自己愛が失われ、欲望が萎えていくのです。自分を愛せないということは、あらゆるもの、あらゆる人への愛、したがってあらゆる信仰、あらゆる**信用** crédit が失われるということです。こうして**あらゆるものへの嫌悪感が蔓延していく**、いわば分裂《ディアボリック》（悪魔）的な状況(9)のうちで、すべてが——**金銭的な面も含め**——破綻に向かっていくのです。このような背景でBSE騒ぎや商品に対するさまざまな不買運動も起こりました。こうした一連の出来事は本源的な苦痛——本源的ナルシシズムの苦痛——の症候と言えるでしょう。まずその苦痛があるから消費する気が失せていき、この拒否感を正当化するための口実があればそれに飛びつき、アリバイ——しかも根拠のあるアリバイ（プリオン〔BSEを引き起こすタンパク質〕は単なる幻想ではないのですから）とするわけです。これは厳密な意味で破局をもたらす現象です。**なにしろたったひとつのきっかけさえあれば**、一挙に極めて危険な拒否反応が拡がるのですから。このことは、消費を無制限に搾取しようとすれば消費の無制限の（ただしここでの無制限とは、無限なもの〔神、愛、未来など〕に訴えるのとは違う意味です）拒否が生み出されるということを如実に示していると言えるでしょう。

消費社会としてのインダストリアル社会に対するこのような拒否や嫌悪に呼応して、政治家や政治的な言説への拒否も生じています。というのも政治家たちは**このような事態をさらに助長させるばかり**なのですから。彼らは物事の成り行きと、かくあるべきという原則や理念とのあいだにある厳然とした区別をもはや放棄してしまいました。彼らの行為あるいは無為はシステムの強制に迎合し、たとえば物価の上昇に反対するのは大手スーパーのマーケティングと共謀しているからといったありさまなので、今や政治不信は募る一方なのです。

個体化の舞台と人間の記憶

シモンドン*がその著作『心的かつ集団的個体化[10]』において示すように、「私」が個となるためには、「私の個体化」は集団的個体化つまり「われわれの個体化」のプロセスの一部とならなければなりません。その「**われわれ**」のうちに、私は「**私**」である以上、つねにすでに組み込まれています。つまり「**私**」というものはある集団の中にしか存在せず、**私の**個体化は私の属する**集団の**個体化なのです。とはいえ私はその集団に紛れ込んで消えてしまうことはなく、しかも、私

＊ジルベール・シモンドン Gilbert Simondon（1924–1989）　独自の個体化理論を構築したフランスの哲学者。個体化における「技術」の介在に注目し、さらに古典的な質料形相論を超えて、個体化をエネルギー論として捉えた。ドゥルーズに影響を与えたことでも知られるが、現在ではシモンドン理論はシステム論の先駆けとしても注目されるようになり、盛んに研究されている。主著 *Du mode d'existence des objets techniques*, Aubier,1989（初版は1958）、*L'individuation psychique et collective*, Aubier, 1989 など。いずれも未訳。

は互いに相容れないような複数のグループに属することもできるのです。

ルイ・ジュヴェ〔フランスの俳優、演出家、一八八七―一九五一〕は次のように言っていました。「一人の同じ人間が、まじめな父親であると同時に裁判所の判事あるいは猟歩兵の指揮官であったり、カトリックやプロテスタントあるいは無神論者であったりすることがあります。しかしこれらは異なる人物像の継起であって、一人の人物をなしてはいません。さまざまな活動から特徴を引き出して、それらを足して一人の人物ができあがるわけではありません。よろしいですか。この人物の中には断絶があり、猟歩兵の指揮官から共産党員や人民共和派*に移るためにはかなり無理があるのです。それぞれの人物像は互いに結びつきませんし、それどころか両立させるためにはさまざまな葛藤さえあるでしょう。たとえば猟歩兵の指揮官でありながらカトリックというのはむずかしいでしょう(11)」。

このように私は絶えず異なる人物像を自分の中に取り入れることができ、それぞれの役割が対立し合ったり、ということは私は私自身と対立することもありうるのです。こうしていろんな集団に同時に属することができるがゆえに、「私」

というものはますますそれ自身に一致しない存在となります。これこそ、人間には起源／根源というものが欠如しているということの結果であり、またそれは個体化のプロセスの根源的欠陥としての本源的不一致なのです。そしてこの事態そのものが、自分にないものをわがものとして取り入れるという人間の始原的状況の起源／根源であり、この状況にこそ人間の技術性が存しています。技術性とはすなわち、人間と補綴物（技術的な「もの」）との根源的な連結のことであり、それが人間にとっての本源的な環境／媒体 milieu を構成していると同時に、人間の根源的欠陥（起源の欠如）をなしてもいるのです。

ヒト化、つまり現在の「**われわれ**」すなわち「人間」（神を嫌悪させる存在としての）[12]の出現とは、記憶で構成された存在の出現ということです。といってもその記憶とは、ヴァイスマン**（一〇九頁）が有性生物を構成する記憶の二つの源泉として生殖

＊人民共和派 Mouvement républicain populaire（ＭＲＰ）　一九四四年から六七年にかけて存在したカトリック色の強い政党、主にフランス第四共和制下で勢力を持った。

細胞と体細胞を特定したような意味での二種類の記憶のことではありません。人間には三つの記憶があるのです。その第三の記憶とは、人間という生物にとって本質的な技術的環境《ミリユー》の記憶です。ヴァイスマンから今日に至るまで分子生物学においては、有性生物は二つの記憶によって構成されていると考えられてきました。ひとつは種としての記憶、つまり有性生殖をおこなうごとに毎回作用し、種の遺伝形質を混ぜ合わせ染色体を組み替えるための記憶で、各生体がこの記憶を有しています。そしてもうひとつの記憶は、この有性生物の個体が個として有する神経的記憶です。動物が個としての記憶を持っているから、動物を調教することが可能になり、チンパンジーやプードルはもちろん、環形動物〔ミミズなどの無脊椎動物〕、カタツムリや巻き貝にさえ、条件付けという学習のプロセスを課すことができるのです。動物の個体の記憶には可塑性があり、高等動物になればなるほどその柔軟さは増します。しかし環形動物から類人猿に至るまで——類人猿は動物としての限界を超えたところに位置づけられるのですが——、個体の学習は種に伝わることはありません。それゆえこれらの動物においては、獲得した形質の遺伝はないのです。人間以外の生物におけるネゲントロピー的な力は、遺伝的な記憶と身体的な記憶（つまりそれぞれの動物の個体の神経記憶）が互いに決して交わらず影響を与えないという構造ゆえのものなのです。種の進化は、各動物の個としての目的からは独立したかたちで、染色体が偶然に組み換わることで起こり、それによって生命のネゲントロピー的枝分かれがもたらされるのです。

ところが今から数百万年前に、生存していくために補綴物を持たねばならない生き物である人間が出現しました。ルロワ＝グーランが言うように、人間は無鉤《むこう》つまり生存のための自然な防衛システムを持っていなかったのです。そこで人類は、作った「もの」に取り巻かれて暮らすことになりました。それは打製石器から始まり、今や産業機械化によって何十億という単位で生産される何十億種類もの消費財に至っています。ある意味で、テクノロジーによる枝分かれは今日では

＊＊（一〇七頁）**ヴァイスマン** August　Weismann（1834–1914）　ドイツの生物学者。発生遺伝学の創始者の一人であり、生物学的には獲得形質（生後環境によって変化した形質）は遺伝しないという理論を打ち立てた。彼の研究はフロイトにも影響を与えたと言われている。

生物学的分岐を上回るものとなったのです。

これが第三の記憶——私はそれを後成系統発生的《エピフィロジェネティック》 épiphylogénétique な記憶*と名付けたのですが——の出現です。それは世代から世代に伝わる遺伝的な記憶 mémoire génétique と、個体の経験にもとづく後天的な記憶 mémoire épigénétique が結びつくということなのですが、後者は「もの」を介して伝達可能になるのです。この第三の記憶とは、第三者の記憶でもあり、その第三者を「**私**」と「**われわれ**」の条件であり絆でもある「**彼 il**」とここで呼ぶことにします。私がある「もの」、たとえば打製石器を継承するとき、私はそれを介してその使用法すなわち身ぶり、その石器を作ることになった動作を継承するのです。技術的なものの登場によって記憶の新しい層が構成され、それによってある個体の経験を世代から世代へと伝承することが可能になり、またその経験を「**われわれ**」と呼ばれるかたちで共有することができるようになりました。それゆえ私は先ほど、「私、ベルナール・スティグレールは、ドイツ人の両親から生まれたが、しかし私はフランス人である」と言えたのです。そのように言うことができるのは、私が「**われわれ**」の痕跡――たとえばサンキュロットなどフランスの過去という虚構をなすものすべて――を継承するからに他なりません。私がわがものとしたそれらの痕跡は、過去把持の人為的な媒体つまりムネモテクニック（記憶術）の媒体／環境を形成しており、それを取り入れることで私は、「フランス」と呼ばれる「**われわれ**」のうちで個となることができるのです。

ところで目下の問題といえば、今後どのようにヨーロッパという「**われわれ**」を作り上げていくかということです。ここで暫定的そして初期設定的な答えとして言えるのは、「**われわれ**」を破壊してしまうアメリカ的仕組みだけは作らないように、ということでしょう。

さて「彼iii」という第三者としての記憶は、**大文字の**「**彼III**」（大文字の他者）を語る聖書の条件でもあります。聖書とは絶対的な過去を示すものです。記

＊**後成系統発生的**《エピフィロジェネティック》 épiphylogénétique **な記憶**　道具、技術による外在化のプロセスを経て他者に伝達可能になった第三の記憶。Bernard Stiegler, *La Technique et le Temps 1. La faute d'Epiméthée*, 1994 ならびにベルナール・スティグレール『象徴の貧困』前掲を参照。

憶の積み重ねによってわれわれはその過去にまで導かれるとされるのですが、その絶対的な過去とはまさに記憶されないもの l'immémorial であり、ブランショはそれを「恐ろしいまでに旧いもの effroyablement ancien」と呼んでいました。そして旧約聖書はまさにそれを永遠なる父として示したのです。第三の記憶としての聖書とはしたがって崇拝 culte を支えるもの――パスカルが記したように信仰の支えとなるロザリオとともに――であり、すなわち信 crédit を支えるものなのです。

二つの世界大戦のあいだの時期、そして特に第二次大戦後、精神の歴史つまり後成系統発生《エピフィロジュネーズ》の歴史、「彼」という第三者の歴史に大きな変化がもたらされます。それは「**彼の死**」であり、ヘーゲルやマルクスやニーチェはこれを神の死として示しました。これはつまり、産業が、加工されるべき原料となった**意識**（conscience 良心）を奪取したということです。そしてそこで奪われたのは「**われわれの**」意識（良心）であり、意識というわれわれの「**時間**」だったのです。意識は身体ではなく精神の「側に」あるのだとすれば、意識を物質的な原料と考えるのは矛盾だと思われるかもしれません。しかしながら、人間の時間の後成系統発生的《エピフィロジェネティック》な特徴は、人間の**時間**の現実そのものである意識に**直接**影響を与えているのです。というのも、意識を受肉させ支えている肉体それ自身が動かされる――動揺したり感動したりする――ものであるという事実、さらに、肉体は後成系統発生《エピフィロジュネーズ》（補綴物からなるさまざまなサポートの装置――意識の時間をコントロールするエレクトロニクステクノロジーはその装置の最新の時代を画しています）から生じる外在化のプロセスによって支えられているという事実によって、意識は物質的に条件付けられるとともに根源的に（最初から）**構成されて**いるものだからです。しかしまた、意識とは本質的に記憶（過去）でもあり、その記憶そのものは想像（未来）のうちに書き込まれています。そして、技術的なさまざまなものを成り立たせる後成系統発生的《エピフィロジェネティック》な記憶の層とは、**過去を把持するための物質的媒体／環境**であり、それが意識の過去把持的かつ未来予持的活動（過去把持や「思い出」によって生み出される期待や予持といった現象）に根本的な影響を与えているのです。

それゆえ二〇世紀になると、過去把持に関わるテクノロジーであるマスメディアの登場によって、意識というものが**市場へのアクセスの様態**としてターゲットとなり**商品化される**ようになりました。「市場」というのはまさにたくさんの意識の集まりですが、それらの意識は身体に住み着いていて、その身体が消費するのです。たとえば新しい歯磨き粉を売り出すためには、意識の時間を売るマスメディアの仲介が必要です。TF1は広告会社に意識の時間を売るのですが、その価格は簡単に計算できます。プライムタイムの一時間にTF1が得る広告収入を仮に五〇万ユーロ〔約八〇〇〇万円〕ということにしましょう。このチャンネルが一時間に一五〇〇万の意識というオーディエンスを得るとすれば、この局におけるひとつの意識の一時間分の価格は三サンティーム〔約四・八円〕とちょっとということになり、なんとも安いものです。TF1を見るときわれわれの意識は大した値段ではありません。昨年、アメリカ・オン・ラインとタイム・ワーナーが合併*したのは、世界市場において「もっとも安値」の意識を「作る」ためでした。この二つの産業の融合は、テレビ、映画などコンテンツのカタログと顧客情報ファイルの融合でもあり、それによって規模の経済すなわち「生産性の向上」を実現し、日常的かつ定期的に、何千万どころか何億もの意識を獲得することが目標なのです。とはいえ作戦は失敗することもあります——この分野での投資家の過熱ぶりは産業の歴史上かつてないほどのものです。しかし、このような狂ったまでの模倣はプロセスの持続性における限界そのものに起因し、それを私はここで見極めようとしているのです。

マスメディアがメタ‐市場としての意識を狙うとき、視聴者とは売られる「原料」です。一方クライアントとは、広告代理店の広告によってさまざまな行動を

＊アメリカ・オン・ラインとタイム・ワーナーが合併　アメリカのインターネットサービス会社アメリカ・オン・ラインと総合メディア企業タイム・ワーナー（『タイム』誌と映画会社ワーナーブラザーズ、テレビCNNの複合企業体）は二〇〇一年に合併しAOLタイム・ワーナーとなった。世紀の大合併と当時は注目されたものの、プロバイダ事業の不振によって巨額の赤字を出し、株価も急落。二〇〇三年には会社名はタイム・ワーナーに戻り、AOLは社内の単なる一部署に格下げされてしまった。しかしその後二〇〇五年末にはグーグルがマイクロソフトへの対抗策としてAOLに出資している。

視聴者に取り入れさせようとしているスポンサーです。この「原料」こそオーディエンスと呼ばれるもので、それは情報信号を供給するプロセス・装置によってコントロールされている意識の集まりなのです。この信号とは物質の状態であり（情報は「非物質的」ではなく、物質の暫定的なある状態のことです）、それは「意識」たちによって体内化されます。またこの意識とは心理の状態であり、それが今度は行動を引き起こします。そしてこのようなタイプのオーディエンスが互いにシンクロすると、それらは漸近的な傾向として、もはや「**われわれ**」ではなく「**みんな**」という大衆を形成するようになるのです。もちろん、皆さんが（つまり**皆さんの意識が**）テレビを見る（見るとすれば必然的に他の人と一緒に、その人たちと同時に見ることになります）からといって、皆さんがただちに他の人たちと同じことを考えるようになるとは言いません。私が言いたいのは、テレビというのは皆さんを徐々に、ある「**平均**」に適応させていく**傾向を持つ**プロセスなのだということです。そのような平均[13]においては、「**私**」と「**われわれ**」の違いは、「**みんな**」を作り出すために薄まっていき、すなわち「**私**」と「**われわ**

れ」双方の個体化が不可能になっていくのです。というのも「われわれ」のただなかにおいてのみ、「私」は個となれるのですから。

「彼」の吸収

文化産業によるムネモテクノロジーの利用は、記憶というものはつねに人為的に作られるという事実を産業的に利用しているにすぎません。二〇世紀、記憶は徹底的に産業的搾取の対象になりましたが、それは市場へのアクセスが意識のメタ‐市場を介して可能になるからです。後成系統発生的《エピフィロジェネティック》なこの記憶の層は意識の時間を構成するもので、すべての意識が共有しうる媒体／環境なのですが、二〇世紀に産業がそれを独占し搾取することになったのは全くあらたな展開でした。一九世紀までは、生産者、企業家、物質財の製造者たちの世界と、読み書きが堪能な知識人 clercs と呼ばれた人たち——聖職者にせよ世俗の者にせよ——つまり宗教、法律、政治、認識、芸術など「精神的なもの」を引き受ける者の世界は、構造的に分離していました。つまり異なる二つの世界があったのです。しかしやがてムネモテクノロジーが生産の分野に統合されていきます。後者は生産と消費のシンクロニゼーションを保証し、潜在的な時間というものを廃しジャスト・イン・タイムで生産を機能させようとするものでした。こうして二つの世界が融合したのです。「**私**」と「**われわれ**」を超えたところにあってそれ自身で権威であった「**彼ら**」という偉大な第三者もそこに統合されていき、内在的なもの（システムに内在するもの）すなわち原則としてディア‐ボリックなものと化したのです――それまでは知識人が世俗と分離しているということによって通約不可能なものの超越性が示されるという経験があったのですが、その通約不可能性がすべて廃されてしまったのですから。この通約不可能な第三者を、ラカンの用語を用いて**大文字の他者**（アリストテレスにおいてすでに、それは欲望の無限の原因とされました）と呼ぶこともできるでしょう。第三者がこうして吸収されてしまったことで、欲望は萎えていくことになりました――それはまた無‐意味 l'in-signifiant が蔓延することでもあり、それは**やがて非‐意味** l'a-signifiant **へと向かっていく**のです(14)。

「神は死んだ」としても「悪魔 diable」はまだ健在です。そしてそれこそまだ考えるべく残されたものなのです。残されたもの――すなわち、死んでしまい、市場における互いに通約可能な意識たちという原料となってしまった「彼」の痕跡――のうちに含まれるものとして。

生成と未来の闘い
――結びつけ、分離させせ、創出し、みずからを例外化すること

技術とムネモテクニックのシステムが統合していくのは揺るぎない事実です――それはとても長期にわたるプロセスで、それに「抵抗」しようとしても無駄なことです。ルロワ゠グーランはこの傾向を**外在化**という概念で要約し、私もその概念を自分なりに捉え直そうとしています。しかしながらこのプロセスは選択の可能性を開いており、盲目的な決定論というわけではありません。そしてこのような枠組みにおいて、政治経済の諸問題が提起されるべきなのですが、それらの問題はまだほとんど特定されていません。それは、「**生成**」に関わるものつまりプロセスそのものと、「**時間**」に関わるもの（すなわちわれわれが生成のプロセスをどのようなものに**する**か、ということ）の違いを判別できていないからなのです。さてこのプロセスは、まず単なる生成として差異をことごとく排除してハイパーシンクロニゼーションという事態をもたらすようにも見えますが、実は

そこでこそ、われわれがさまざまな選択をおこない、すなわち**差異**を生じさせることが求められています。そして差異を生み出すためにはまず、**プロセスの中でプロセスそれ自体を死に追いやるようなものを批判する**〔判別し、限界を見極める〕ことから始めなければならないのです。

これらの問題を扱う際の方法論として私は、問題のさまざまな**連携**（連言 conjonctions）を想定しており、現実というものに介入するためには、**諸問題が結びつく可能性を考慮に入れ**なければならないと考えています。問題が単に技術的なものに留まるということは決してありません。それは法律、経済、社会学、心理学などに跨る、要するに人間学なのです。たとえ技術というものが人間学の**構成要素**であるとしても、そしてその意味で人間が補綴物を持って生きる存在であるとしても、それでも人間は単に技術的なだけの存在ではないのです。もしいつか人間が完全に技術的な存在になるとしたら、それはもう人間と呼べる存在ではないでしょう――もっともそこに向かう変化は、生をバイオテクノロジーに変えるということによってすでに一部実現しているのかもしれません。しかし、だとしたら、そのプロセスが継続していくためには、ディアクロニシティと欲望のあらたな支持体《サポート》を見つけなければならなくなるでしょう。この問題はまだ手つかずのままです(15)。仮定がどのようなものであれ、問題を連携させる可能性と組み合わせていかなければなりません。対立 oppositions によって考えるよりも、共立（組み合い）compositions によって論を進めるべきでしょう。われわれはプロセスと交渉しなければなりません。なぜならこの連携可能性は、生成と呼ばれるものに関わるさまざまな傾向によって貫かれているからです。しかし交渉とは断念したり、適応することではありません。問題は抵抗することでも適応することでもなく、必要なのはあらたなものを創り出す inventer ことです。そのような創出はまさに取っ組み合っての闘いであり、そしてそれはラディカルな批判をすることなのです。

生成とはわれわれが決して支配することができないプロセスです。それゆえ現代思想はデカルト的な支配の言説を告発するのです。一九世紀以来、少なくともニーチェによって、近代思想は生成とは支配しえないものだということを認め始めました。われわれにできるのは生成と交渉することだけであり、それは支配とは全く違うことなのです。生成という変化していく運動をよく理解しなければなりません。そうすることで時にはなんらかの衝撃がもたらされ、つまり**分離**（選言 disjonctions）が生じるかもしれないのです。もっとも分離が起こったとしてもその効果をコントロールすることは望めないのですが。

現実というものにはさまざまな要素が連携しており、それは絶えず様相を変える複雑体で、そこで各人が「自分の立ち位置を見つけ」ようとしています。われわれなしではこの複雑体は何の意味も持ちません。「**われわれ**」というのはこの複雑体の**力学的不一致**なのです。すなわち、自分たちのことを「**われわれ**」と言えるかぎり、「**われわれ**」と言えるという**条件**で、つまりその「**われわれ**」が群衆的な「**みんな**」になってしまわないかぎり、各人はこのプロセスの外に出て先んじたり後れをとったりすることはできないとしても、少なくともそのプロセスのただなかにおいて、プロセス自体の遅れであると同時に先行でもあるものとして位置を占めることができるでしょう。そうすることで、われわれはプロセスを

超過 excéder し、さらにはプロセスの中からプロセスの調子を狂わせる——分離によって——ことのできる**例外***exception となりうるのです。つまり、それぞれの私は**決断する**ことができ、場合によってはこのプロセスに**逆らう**ことができ、そして一時的にはこのプロセスに「抵抗」することもできるということです。ただしその場合、単なる対立によって思考しないということ、また**プロセスと折り合い**ながらも、同時に自身の創出する能力によってプロセスを問題視できるということが条件なのです。この創出する能力というのは「抵抗」する力をはるかに超えるものでしょう。プロセスにただ抗議していたのでは抵抗することはできません。プロセスについての知を持たなければなりません。すなわちプロセスを超

***例外** exception　スティグレールにおいてこの例外的存在の「範例」は芸術家である。芸術家はすぐには共有できないような特異な感性を痕跡として呈示し、その痕跡がやがて模範的な痕跡としてあらたな共通の感性を開いていく（事後的に、ではあるが）。そういう意味で芸術家は、「個」と「集団」（「私」と「われわれ」）を分離することで連携する離接的接続 conjonction disjonctive なのである。Bernard Stiegler, *De la misère symbolique 2. La catastrophè du sensible*, Galilée, 2005, ch.V を参照。

過し、そうすることですでに創造的に先んじていなければならないのです。

決断しなければならない時があります。ごく小さな決断（たとえば歯磨き粉Yよりは X を買うというような）から、大局的な決断（大統領選でどの候補者に投票するかとか、ある国民を破滅させるために核兵器の赤ボタンを押すことを決意するとか、——あるいはイラクに軍隊を派遣するとか）まで、決断にはごく小さなものも、とてつもなく大きなものも、想像もつかないものもあります。しかしつねに選択しなければなりません。時間とはこの選択の問題であり、つまり熟考しそして行動するためにあるのです。

悪の問題と傾向の思考

「傾向」という用語を用いて思考できない者にとっては、悪の問題は危険な問い、誤った問いであり、ある意味でそれ自体が悪であるような問い、ニーチェが邪悪なものとみなした悪の問題です*。一方、傾向という用語で思考するとは、**逆らって闘うべきものは必要だ**と考えるということです。したがって、支配的になろうとしているある傾向（実際、あらゆる傾向はある支配に逆らいつつ自分もまた支配に向かおうとするものなのです）に抗って闘い、その傾向に対しある反-

＊ニーチェが邪悪なものとみなした悪の問題　『道徳の系譜』（一八八七）でニーチェは貴族の道徳と奴隷の道徳を区別している。強者である貴族は自己肯定から善をモデル化し、その欠如として悪（劣悪 *schlecht*）を見出すのに対し、弱者である奴隷はまず相手を敵とみなし悪い（邪悪な *böse*）存在として否定することで、それに対立する自分たちを善とみなす（たとえば相手を「悪の枢軸」とか「自由の敵」とみなすことで、それと戦う自分たちを正当化するように）。

傾向 contre-tendance を対立させようとしている人は、自分が逆らって闘っているその相手の傾向が、実は自分がその闘いで守ろうとしている傾向にとっての条件なのだということを理解しなければなりません。ということは、いかなる場合も相手の傾向を排除することが問題なのではなく、まさに二つの傾向が組み合うということが重要なのです。この観点から言えば、傾向による思考とは、対立相手 adversaire を悪の根源であるような敵と見なしたりしないということなのです。対立相手は悪の根源であるような敵ではありません。言い換えれば、相手は悪ではなく、ただある支配的な傾向に捕われてその傾向の仲介やスポークスマンとなっているのであり、しかもほとんどの場合、悪意を抱いて行動しているつもりは全くないのです。

このように思考しまた行動するとき厄介なのは、当然ながら、その態度が中道主義的な言説に帰着するかのように見えてしまうことでしょう。中庸といってもそれはアリストテレスの倫理学の意味ではなく、現代の意味での改良主義や順応の言説、つまりラディカルな問いを一律に無視するような言説のことですが。

（ラディカルな問いのみが真の問いであり、それはシモンドンが言うような大改革*をもたらすような問いです。一方改良主義による小さな改良は、個体化という生成変化における「量子飛躍」**の必要性を隠蔽してしまうのです）。

実のところ、相手つまり対立する傾向を決して悪魔化しないような批評ほどラディカルなものはありません。ある傾向がもうひとつの傾向に還元されることはないとするプロセスの思考につねにともなうのは、個体化のプロセスにおいてそれぞれの傾向を組み直し続けているのは「**例外**」exception であるという考え方

***大改革** perfectionnements majeurs　シモンドンは『技術体の存在様態について』（未訳）の中で、技術の発展は連続したかたちで少しずつ改良することで進むというより、技術体の内的な構造図式を一挙に変革する、不連続な跳躍としての大改革によってもたらされると述べている。Gilbert Simondon, *Du mode d'existence des objets techniques*, Aubier, 1989, p.37 *sq.* を参照。

****量子飛躍** saut quantique　量子力学において、粒子のエネルギーは連続せずとびとびの量の（非周期の）エネルギーを持つことを量子飛躍（遷移）と呼ぶ。たとえば突然変異は遺伝子の中で起こる量子飛躍である。シモンドンは個体化という変化のプロセスのうちにも、このように非連続的な革新的発展、いわゆる「ブレークスルー」があることに注目した。

なのです。例外とは平均でも、適応でも、大衆でも、コンセンサスでもないものです。それは生成のただなかに不和をもたらし、位相をずらし、生成の調子を狂わせるものであり（これが量子飛躍というシモンドンの理論なのですが）、生成におけるチャンスとして、古代ギリシャ人はこれをエリス*と呼びました。エリスとは競争心や競合を意味するのですが、まさにこのエリスの精神が現在の消費の組織化によって貶められ、あらゆるディアクロニーが通約可能なものへと姿を変えられてしまっているのです。ディアクロニーの通約化とはあらゆるものを計算可能にするということであり、その目的はできるだけ速やかにできるだけ大きな収益性を得るということに他なりません。言い換えればそれは、ジャスト・イン・タイムという時間性のため、そして人間をただ「反応的」**な存在にしてハイパーシンクロニゼーションをもたらすためなのです。

***エリス** *éris*　エリスとはギリシャ神話に出てくる不和と争いの女神の名である。ヘシオドス（ギリシャの詩人）が謳うように、それは悪しく働いて破壊する力となることがある反面、

「善きエリス」として、すなわち互いに競合することで人間たちをより良きもの（アリストン）へと高める「向上心」として、都市国家の原動力ともなる（古代ギリシャでは闘技のひとつのバージョンとして弁論による闘い「争論《エリス》」があった）。この善きエリス（つまりいい意味での競争心 émulation）を確保するために必要なのは「正義感」と「羞恥心」なのだが、現況の超自由主義は、自分の利益のためには「何でもあり」というきわめて「恥知らず」な競争 concurrence へとわれわれを駆り立てる。

「ヨーロッパはかつて数々の不幸な戦争の舞台となった。なんとしてでもそれを繰り返さないために、ヨーロッパの政治的統合は必要なのである。しかしEU憲法が無制限の競争原理のうえに作られれば、またしてもあらたな紛争が巻き起こるのではとヨーロッパ市民は懸念している。競争や競争心は活性化に必要な原理ではあるが、それはつねに分裂の危険を孕む。そのような分裂に抗うという政治統合の基本理念に、EU憲法の草案が示す「価値観」はそぐわないのである。だがこういった理念なしには、（ヨーロッパを構築しようという）いかなる意欲も持続しないのだ」（フランスの国民投票でEU憲法条約批准が否決されたことを受けて、スティグレールが『ル・モンド・ディプロマティック』紙に寄稿した文「競争原理に抗して、向上につながる競争心を」の一節。Bernard Stiegler, “Contre la concurrence, l'émulation”, *in Le Monde Diplomatique*, juin, 2005)。

＊＊**反応的**　ナルシシズムの衰退により、「ほかでもない自分」としての「個」がなくなり、人間はただ反応するだけの昆虫のような群生組織に向かうというスティグレールの仮説については『象徴の貧困』前掲、第3章「蟻塚の寓話——ハイパーインダストリアル時代における個体化」を参照。

作業現場

コミュニケーションと情報のネットワークによって時間的商品が配給され、ハイパーシンクロニゼーションのインフラが整備されていきます。このハイパーシンクロニゼーションによって社会の組織は解体し、人々の欲望は疲弊していくのですが、そうなるのはシンクロニゼーションとディアクロニゼーションが対立し、また大衆の過去把持のプロセスがコントロールされることで意識が個々の時間を生きられなくなってしまうからです。

さて、一九九二年のインターネットの登場以降、ネットワークの世界に変化が生じました。ＴＣＰ－ＩＰという規格によって統一された、ネットを結ぶネットとしてのインターネットは、コンテンツ産業の企画の情勢を明らかに変えました。そしてこのインダストリアルテクノロジーの変化が、デジタル化を通じ、あらたな展望を開いたことも確かなのです。そこでの可能性を徹底的に追究し、そこに特権的な闘いのフィールドと社会的な創造の場を作り上げていかなければなりません。この分野は非常に多くの実りをもたらすかもしれないのです。私はこれまで以上に、インターネットという領域で活動することが必要だと思っています。(16)

とはいえ、もしあらたな道を見出すことが可能だとして——繰り返しますがそのような創出は、同時に経済、地政学、そしてエコロジー(精神の環境保護という意味で)というすべての面での闘いとしてのみ可能です——、それに伴うべき批判は次のことを詳細に分析しなければなりません。すなわち、デジタル化というテクノロジーの変化(時間的商品や情報の配給を脱‐大衆化する可能性としての)によって、大衆的な過去把持のプロセスからの脱出が、今や構想かつ実現可能になったものの、その変化の可能性が商業的な過去把持の装置によってすでにどれほど包囲されコントロールされているか、そのさまを詳しく分析しなければならないのです。商業的な過去把持の装置とは、消費とハイパーシンクロニゼーションの拡大のために奉仕するものであり、〔個性を尊重するかのような〕見かけに反し、実はハイパーシンクロニゼーションをさらに助長させるものなのですから。

ネットワークにおける問題*とは、ジェレミー・リフキンが示しているように**アクセス**の方法であり、重要なのは**フィルター**なのです。情報を序列化できる検索エンジンは現在のところ広告主にお金を払わせています。問題はいつも選別なのです。たとえばグーグルのような検索エンジンは、視聴率の論理にもとづくシステムです。つまりもっとも閲覧件数の多いものから提供し、それによって皆が互いを模倣し同じような行動をとるような社会をシステマティックに作り上げていくのです。アクセスとナビゲーションの技術としてはユーザープロファイリングもありますが、これはユーザーの検索活動を同定し、彼らが何かを頼もうという気になる前にそれを差し出してくるものです。こういったことは意識の**プログラミング**とまではいかなくても、意識の**条件付け**でありその**強化**（パブロフの条件反射のように）です。人々はこうして互いにシンクロした状態に閉じこめられ、変わることができなくなっていくでしょう。このように市場のハイパー細分化《セグメンテーション》**、つまりマーケティングによって超正確にニッチ（隙間市場）を特定する戦略が求められているのです。各人の行動は職業・社会階層別あるいは好みの「ブランド」によって「…族」と特定され――マーケティングにとってこういった分類は政治面での社会の動向を探るよりはるかに利益に直結します――、規格化されていくのです。

＊ネットワークにおける問題　今日ではあらゆるものを記憶として保存することができる。しかしムネモテクノロジーの世界が経済産業の世界に統合されてしまったことに伴い、知は経済的基準にもとづいて組織化され、コントロールされうるものとなった。膨大なアーカイブにアクセスするための手段の一つが検索システムであるが、アクセスとはすでにフィルターとして機能していることをわれわれは意識しなければならない。なぜならそのシステムを作り出すときの基準にもとづいて、情報は選別され、ユーザーは誘導されるからである。たとえば短期的収益を求めることが目的の検索エンジンは、大規模な消費につながる情報から優先的に提供するシステムとなる。またそのようなシステムを利用し続け、最大公約数的な答えが与えられることに慣れてしまった人間は、やがて「答えが出ないような問い」は立てなくなるだろう。アクセスのモードの画一化についての詳細な分析はベルナール・スティグレール『象徴の貧困』前掲、第3章を参照。

＊＊ハイパー細分化《セグメンテーション》　規模の小さいニーズをもニッチとして取り込み、オタクのような特殊化した市場も確立させるハイパー細分化《セグメンテーション》は、個性を尊重した顧客第一主義のように見えながら、実は企業による客層の分類である。しかもネットでおなじみの「おすすめ」機能に従っていくうちに自己像はどんどんコントロールされ、無数の「みんな」が作られていく。

またメディアは、過去把持の選択基準を押しつけて、意識をインダストリアル的に搾取しようとします。〔テレビなど〕過去把持の装置のコントロールにおいては、視聴者の意識がひとつの市場をなしていて、そこでは一時間当たりの意識の価格は広告収入額を視聴者の数で割った金額となるのですが、そのコントロールによって第二次過去把持が均質化してしまうのです。そしてこのことが、私が「生きづらさ」と呼んだものの主要な〔唯一の、とは言いませんが〕原因となっています。過去把持がコントロールされれば、個々のアイデンティティつまり人々の差異が失われていくからです。差異を生み出す力が衰退していくこと、そして「個人主義」を標榜している社会が実は例外を否定する傾向にあるということを、ニーチェはとっくに見抜いていました。われわれのいわゆる個人主義社会は、実は完全に付和雷同の群れ社会なのです。

個体化のプロセスにおける特異性

シモンドンが**超‐個体的なもの** trans-individuel＊と呼ぶものは、〈「われわれ」という集団をなしている個々の〉「私」が継承するさまざまな技術的なもの〈道具など〉からなる後成系統発生《エピフィロジェネティック》的な領域によって構成されています。個体化 individuation とは、個性化 individualisation のことではありません。個性化とは個体化の結果なのです。個体化とは、多様が漸近的に統一されていき、分かつことが

＊**超‐個体的なもの** trans-individuel　たとえば私は個となるために、「言葉」という他者と共有する道具を必要とする。私は言葉で自分を表現することで、つまり自分を外化することではじめて自分を知り、自分になっていく。また私は言葉を使うことで、他者の個体化を促すこともある。つまり私の言葉を誰かが受け止め、時には反発し、また変化させたりしながら応答することで、その人はその人となっていくのである。超‐個体的なものとはこのように、それぞれの「個」をはぐくみながら、それによって「われわれ」という集団的個を形成するメカニズムを指す。

できなくなっていくその様態のことです。私は分かちえないもの（indivisible）になることを**めざす**（そのような**傾向**を持つ）のですが、しかし決してそこに至ることはありません。私は私自身――完全にひとつの統一体としてこれ以上分割できない私――に向かいながら、決してそこに到達することはありません。なぜなら個となっていくプロセスは決して終わらないからです。あるいは別の言い方をすれば、プロセスが終わってもその目標に達することはできない、つまりプロセスはいつも失敗に終わるということです。個体化のプロセスとは**構造的に完遂しえない**ものです。ただし**継承というプロセスを経て継続される**ことはあります。つまり個体化に向かい個体化を終えた「**私**」が――その私は死んでしまったということですが――ひょっとして、後継者たちのあらたな個体化のための源泉となることはありうるでしょう。欠如というかたち（それがないというかたち）で個体化し、完遂したその「**私**」を継承する後継者が、「**われわれ**」なのです。

　言い換えれば、あらゆる個体化のプロセスは、**自身と一致しない**――**それはみずからのディアクロニーがみずからのシンクロニーのうちに書き込まれていくこ**

となのですが――その限りにおいて推進されるのです。私は個となろうとし、分かちえない自分となることをめざすのですが、私の分割不可能性をさらに求めるうちに、**私は私を異化してしまい**、私は私にとって他なるものとして現れてきます。それは私が、私のディアクロニーという自己との不一致に住み着かれているからなのです。私はつねに自分自身の現実とずれていて、私は決して全き現在にはいないのです。全き現在に到達するのは私が死んだときでしょう。しかし私が死んだら私はもういないということなのですから、結局私は厳密な意味では決してみずからの個体化に至る〔自分自身になりきる〕ことはありません。その代わり死んだのちは、私は物や作品といった痕跡を残した祖先になれるでしょう。ここで作品と呼んでいるものは必ずしも「全集」とかのことではなく、たとえば自分で買いそろえた蔵書や、自分で丹精した庭などあらゆるもの、つまり「物」の内に、あるいは文章や行為や身ぶりなどの内に、**なんらかのかたちで私の特異性が**ほんの少しでも刻み込まれているようなすべてのもののことです――「ほんの少しの私の特異性」とは、**私は私自身と一致しないということ、それゆえ私は集団にも適合しないということを示しています。あるグループに属しているかぎり、私はそのグループにおける特異な存在であり、その特異性こそがグループに他者性を供給するのです。

「われわれ」というものを可能にする媒体／環境

個体化のプロセスにはしたがってつねに、ポテンシャルエネルギーとして内蔵されている張力が投入されます。個体化とはポテンシャルエネルギーという母液が結集し結晶化して、かたちをなす現象のようなものです。もっとも心的かつ集団的（つまり「私」たちと「われわれ」の）個体化は、完全な凝結に至るはずのまさにその時点で**構造的**に失敗するのですが。生物は完全な結晶化には至らない結晶であり、それは**メタ‐安定という危うい均衡状態**のプロセスに組み込まれているからです。**「私」**と**「われわれ」**のポテンシャルエネルギーはこのメタ‐安定性（不均衡の限界にある均衡）の遺産であり、私はさまざまな痕跡を通じそれを継承します。それらの痕跡とは死者たちの慰霊碑であり、鎖で閉ざされたこの図書館であり、亡霊の棲み着くスリジイ*（一四三頁）の城そのもの、すなわち記憶のすべてです(17)。TF1も含め、記憶すべきことを伝達するものはすべて痕跡なのです。そしてその記憶すべきことを、私は他者と――多かれ少なかれ――共有します。とはいえ、もし私がイスラエルの熱心なユダヤ教徒だとしたら、イスラム教徒同士のあいだのやり方で、彼らとエルサレムの広場を共有するということはもちろんできません。共有や継承には葛藤がつきものなのです。前‐個体的な（個以前のものとして継承される）ポテンシャルエネルギーを取り入れる能力には局限化の作用があり、それによって個体化のための共通の場が開かれ、まさに複数の〔ローカルな〕「**われわれ**」が形成されるのです。

つまり前‐個体的な後成系統発生的《エピフィロジェネティック》な媒体／環境が、シモンドンが語っていた個体化の舞台となるのです[18]。個体化にはしたがって歴史があります。アウストラロピテクスの時代の人間は、クロマニヨン人や古代ギリシャ人や産業革命の時代の人間と同じようには個体化しなかったでしょう。そして今日の**ハイパーインダストリアル**時代においては、産業革命時代と同じように個体化することはできません。それは、エピフィロジェネティックな環境が変化したからであり、技術の発展にともなって個体化の条件が変わってしまったからなのです。

＊（一四一頁）**スリジイの城**　この講演がおこなわれたスリジイ・ラ・サル国際文化センターは、一七世紀に建てられた城をそのまま利用している。

❧「われわれ」のチャンス

しかしながら、「**私**」が個となるためには、私の個体化は私が属する「**われわれ**」の個体化に**参加**しなければならず、またその「**われわれ**」の個体化の性質を**分有**しなければなりません。今こうして皆さんにお話ししているとき、私はまさに自分を個体化しています。私は何か新しいことを話しているからです。といっても、これらについて以前この同じ場所で話したことがあるので、**全く**新しい話というわけではありません[19]。しかしそのときはまだ、四月二一日のあの出来事は起こっていませんでした。それが起こってしまった今、私は私自身の前‐個体的な遺産をあらためて読み解き、それを今一度個体化するという作業を、こうして皆さんにお話ししているまさにこのときおこなっているのです。みずからを個とする〔自分になる〕とは、自分の言葉に象徴的な一貫性をもたらせようと努めることを意味します。しかし私が徐々に（傾向として）個となる（つまり私の個体化の「ポテンシャル」を強化する）ことができるとしたら、それは私の言葉によって皆さんが私と共に個となろうとしてくれたときだけなのです。もし私の個体化が成功するとしたら、それは私の個体化が皆さんの内で成功したということです。といっても私と皆さんが同じやり方で、ということでは全くありません。なぜなら皆さんにお話ししようとして私なりに理解し解釈していることを、皆さんはまさに別のこととして聞く（理解する）からです。それゆえこの講演のあと討論をすることになるでしょうし、それが実り多いものであるよう「われわれ」は望むのです——それが「われわれ」というものの条件なのです。なぜなら私の話の中には、まだ不一致の状態のもの、これから来たるべきもの、すなわち未来に開かれているものがあり、それこそがわれわれの討議の対象となるのですから。そこにおいてのみ、ある「われわれ」にとってのチャンスが生まれるでしょう。互いに一致しないにもかかわらず、その不一致にこそもとづいて、「そう、この不一致そのものの中に、いくばくかの未来がある」と言えるし、また言わねばならないという点については同意できる、それが「われわれ」のチャンスなのです。

スリジイで討論すること、メタ安定性

スリジイとはひとつのグループを作る場です。スリジイでの一〇日間*の目的は、適切なスケジュールにもとづき、いろいろな講演を通じて前‐個体的な遺産――それを心的かつ集団的に個体化することで共有するのですが――を結集することで、そのグループを作るためのさまざまな方策を自分たちで考えていくことにあります。グループを作るというのは、安定しないというまさにそのことによってメタ安定するプロセスです。もしそのプロセスが安定したなら、それは完全に凝結した結晶となり、未来も時間性もないものとなってしまうでしょう。また逆に、プロセスが全く不安定ならば、グループはばらばらになり、分裂し、拡散し、エントロピーとなり、不均衡そのものになってしまうでしょう。グループとはつねに、均衡と不均衡のあいだにあるものです。均衡でもなく不均衡でもなく、いつも両者の瀬戸際にあるのです。完全な均衡とは完全なシンクロニーであり、結晶

は完全にシンクロニックなもの（時間が止まったもの）となります。一方、不均衡すなわち完全なディアクロニーとは全くの原子化であり、それは完全な分裂*diaballein*〔本書六一頁訳註＊を参照〕なのです。不均衡はすべての集団の中に存在し、それは狂気と呼ばれますが、狂気は個体化のプロセスの**中心**にある、個体化の**エネルギーそのもの**なのです。しかしこのエネルギーは、まさに**暦**によってリズムを、そして**地図**によって方向性を与えられることで、はけ口を見出さなければなりません。そして崩壊に向かうかわりに運動を生み出すようなものを作り出さなくてはならないのです。メタ安定性は運動を生みます。しかし完全な不均衡は運動の失墜であり、完全な均衡は運動以前の停滞です。この両者のあいだにメタ安定という危うい均衡が生起する（場を持つ）のです。

暦と地図のシステムはメタ安定を作り出すのに役立つ安定装置であり、それは

＊スリジイでの一〇日間　スリジイ・ラ・サル国際文化センターでは毎年六月から九月にかけて、国際シンポジウムが開催される。それぞれのシンポジウムは一〇日間に亘り、通称「一〇日間会合 décade」と呼ばれる。

空間と時間に関わるさまざまな技術なのです。そのシステムについては非常に正確に、また歴史的に分析することができるでしょう。たとえばエジプト暦の出現の条件はナイル川の増水や堆積などの諸条件といった考古学者にはお馴染みの事柄と関連しているのです。これらの空間や時間との関わりについての技術が暦と地図のシステムを通じて具体化し、それによって、集団がつねに秘めている狂気のポテンシャルをメタ安定化させることができたのです。

Das Mann

暦というのは何千年ものあいだ、「**われわれ**」への帰属意識を抱かせるためのものでした。つまり私は他の「**私**」たちと、祈りや祭や歌、あるいはフェティッシュ一般などに関わるさまざまな時機を示してくれる共通のカレンダーを共有するのです。暦が示す祝祭は必ずしも宗教的なものではありませんし、またここでのフェティッシュとは、フロイト的かつマルクス的な意味でのフェティシズムを作り上げるようなものを指します（マルクスは商品というものを**本質的**にフェティッシュとして考えていました）。ところが、これらの祝祭やフェティッシュが、知識人たちによる精神的世界と生産の世界との区別がもはやない産業的なエピフィロジェネティックの装置、すなわちあらたな消費社会に組み込まれると、これまでの暦や地図のシステムはその効力を失ってしまうのです。たとえば私が毎日同じ時間に、フランス中のおよそ一五〇〇万人と共にテレビのニュースを見るとき、そこで生じる「**私**」たちのシンクロニゼーションとはもはや、ある「**われわれ**」の内部に個々の「**私**」や「**私**」たちの集まりをしつらえるためのシンクロニゼーションではありません。そこで生じるのは「**私**」たちと「**われわれ**」というものの混同なのです。それは、かつてあるドイツ人が *das Mann*[*]（le on「**世人**」「**みんな**」）と呼んだもののうちに、「**私**」と「**われわれ**」の差異が抹消されてしまうような全体主義のことです。そのドイツ人自身、この「**みんな**」のうちに陥ってしまいました――*das Mann* の危険を言明してから六年後に、彼は自分の上着に鉤十字を付けるのですから。私がこのように指摘するのは、ハイデガーという記憶を糾弾するためではありません。われわれは彼から多くのものを継承しているということ、そして彼が言行不一致であったということは、ここでのすべての問題の核心なのです。それゆえ慎重さと、ある種の謙虚さを、思い起こしていただきたいのです。「**みんな on**」の危険を暴いたからといって、そこにもう陥らないで済むわけではありません。ときには逆でさえあるのです。そういうケースを、今日というまさに反動主義のはびこる時代において、よく目にするではありませんか。

das Mann　ハイデガーは、みずからの存在の意味を問うことなく日常性に埋没して生きる個性のない平均的な生き方を*das Mann*（世人）と名付けた。世人は「私」という一人称単数を引き受けず、個としての責任をとろうとしない。それは「誰でもない」存在であり、世人にとっては身に降りかかる出来事たとえば「死」さえも「ひとごと」である。

瓦解——九月一一日、三月二六日、四月二一日

意識の商品化とは、本質的にシンクロニーを目指すものです。ところが皆さんが私の話を聞いてくださるのは、私がディアクロニックな意識だからです。そして私が皆さんに話をするのは、皆さんがディアクロニックな意識であるからに他なりません。皆さんが私の話を聞こうとするのも、皆さんが知らない話をここで聞くことができると思っているからでしょう。つまり皆さんも、私が皆さんに対して構造的にディアクロニーであることを期待しているのです（それでいて皆さんは、いずれシンクロニーに至る、と私が請け合うことをも望んでいるでしょう――もっともそれは、いつまでも来たるべきものであり続けるシンクロニーでなければならないのですが）。一方、私が皆さんに話すのは、皆さんに言うべきことがあると私が思っているからです。しかし同時に、われわれのあいだにシンクロニーが可能であると私が信じていなければ、話をすることはできません。そう

信じなければ私は何も言えないでしょう。このようなディアクロニックな緊張は、つねに来たるべきものであり続けるシンクロニーとしての「われわれ」の個体化の条件です。そしてその緊張とはまた、「私」と「われわれ」の不一致であり、それが両者の存在の条件なのです。ところが私が思うに、後成系統発生《エピフィロジュネーズ》の現段階、つまりムネモテクニックの支持体《サポート》が産業的に搾取されている現在、この緊張そして不一致が瓦解しようとしています。そうなると社会は完全に原子化してしまい、数々の自殺的な行為が生じることになるでしょう——四月二一日も、オサマ・ビン・ラディンも、リシャール・デュルンも、ジョージ・W・ブッシュも、そしてさまざまなかたちの依存症も、みなその例なのです。

精神とは物質のさまざまな状態から成り立つものです。たとえばヒト化の始まりには打製石器がありました。そして、情報においてはピコ秒〔一兆分の一秒〕単位での物質の変化があります。情報とは非物質ではなく、きわめて高速で循環する物質の状態の流れであり、それがわれわれの意識に衝撃を与え心理状態を条件付けています。ですから、精神に関わるインダストリアルテクノロジーについて、〔精神の環境保護という意味での〕**エコロジー的な批判**をおこなわなければなりません。つまり、精神を市場として無制限に搾取し続けることでもたらされるであろう荒廃は、かつてソビエト連邦とすべての資本主義大国がその領土や自然資源を、将来の居住可能性――未来――を守ろうという配慮を全く欠いたまま搾取した結果もたらされた荒廃に匹敵するのだということを、われわれは示さなければならないのです。そのようなエコロジー的批判がなければ、われわれは否応なしに世界規模での社会崩壊、すなわち全面的な戦争に向かうことになるのです。

「ディア - ボリックなもの」、批評、創出、取り組んで闘うこと

　このような問題、さらに脅威に関してを、われわれは丁度一年前、九月一一日の直後に、ここスリジイですでに話し合いましたが、あのときはあくまでも可能性としての話でした。その後、四月二一日の大統領選挙がありました。つまり事態ははっきりしてきたのです。これらすべては、長い困難な道のりの始まりに過ぎないのかもしれません。その道のりにおいて、他のどんな問題をも差しおいてまず闘わなければならないのは、「**われわれ**」というものが完全に分裂してしまうという差し迫った可能性なのです。その闘いはまず、今日の精神のありようの批評を経なければなりません。ということは、メタ安定性がメタ安定につねに戻れるための条件を分析しなければならないのです。それはつまり、均衡にも不均衡にも陥ることなく（完全な均衡は完全な不均衡をもたらすのですからどちらも結局同じことです）、あらためて**運動**を生み出していくための条件です。完全な

均衡は欲望を失わせ、原子化を招きます。ハイパーシンクロニゼーションはハイパーディアクロニゼーション、つまり社会的なものの分-解 dé-composition を生むのです。それこそまさに「分-裂《ディア・ボリック》（悪魔的なもの）」なのですが、このことは「悪の枢軸」をなすとされるいわゆるならず者国家をさんざん悪魔扱いすることで、覆い隠されてしまっているのです。

しかし**悪**とは何よりもまず、**悪を告発するだけで思考しなくなること**であり、**「われわれ」**というものの未来を憂えるような**「われわれ」**を「われわれ」が諦**めてしまうこと**、**批判**やあらたなものの創出、すなわち取り組んで**闘**うことを**「われわれ」**が放棄してしまうことなのです。

temporels", *in Cinéma et dernières technologies*, INA/De Boeck University, 1998, "Sociétés d'auteurs et sémantiques situées", *in* Christian Jacob (dir.), *Des Alexandrins II*, BNF, 2003.

（17） 本文141頁　本書のもとになった講演がおこなわれたのは、スリジイ・ラ・サル城の図書館においてであった。

（18） 本文142頁　シモンドン自身は、心的かつ集団的個体化に欠かせない前‐個体的なもののエピフィロジェネティックな面について問うことはなかった。この点に関しては Bernaard Stiegler, "Technique et individuation dans l'oeuvre de Simondon", *in Futur antérieur*, printemps 1994 を参照。この論文は別のバージョンとして"Temps, technique et individuation dans la pensée de Simondon"という題で *Intellectica*, 1999 に再録された。

（19） 本文144頁　2000年の9月に、同じスリジイで、フランソワ・アシェールおよびフランシス・ゴダールが率いた《近代性―あたらしい時間／時代の地図》というシンポジウムにおいて〔第1章原註（11）参照〕。

1994）。

（９）本文103頁　この観点から、ローマ法王〔当時〕ヨハネ＝パウロ２世の次の言葉について考えてみなければならない。「神様はもはや現れません。神様はその住まいである天に、押し黙ったまま姿を隠しておられるかのようです。人間のおこないにほとんど嫌気がさしてしまわれたのでしょう」。*La Republica*〔イタリアの新聞〕に Massimo Cacciani が2002年12月12日に書いた記事を参照。私にこの記事のことを知らせ、送ってくれたパトリック・タルボに感謝する。

（10）本文105頁　Gilbert Simondon, *L'individuation psychique et collective,* Aubier-Montaigne, 1989.

（11）本文106頁　Louis Jouvet, "Cours au Conservatoire national d'art dramatique, 1949–1951", *Revue de la société d'histoire du théâtre*.

（12）本文107頁　本章原註（９）を参照。

（13）本文116頁　「平均」が支配しているさまについては、Gilles Châtelet, *Vivre et penser comme des porcs*, Exils, 1998〔ジル・シャトレ（1944–99）フランスの数学・哲学者〕を読むとよくわかるであろう。

（14）本文119頁　私は *Passer à l'acte*（前掲『現勢化』93–102頁）において無 - 意味 in-signifiance と非 - 意味 a-signifiance を区別した。また本書 p. 75を参照。さらに *La Technique et le Temps 4. Symboles et diaboles, ou la guerre des esprits*（近刊）でも、この問題を扱う予定である。

（15）本文123頁　この問題については"Ce qui fait défaut" , *in Césure*, septembre 1995 において論じたことがある。

（16）本文133頁　これらの問題についての研究を私自身は INA（国立視聴覚研究所）の副所長であったときにも、またコンピエーニュ大学においてもおこない、現在〔本書執筆当時〕は IRCAM（音響・音楽研究所）で続けている。発表した主な論文としては、"La numérisation des objets

第2章

（1）本文86頁　Jeremy Rifkin, *The Age of Access. The New Culture of Hypercapitalism Where All of Life is a Paid-For Experience*, New York, G. P.Putnam, 2000（ジェレミー・リフキン『エイジ・オブ・アクセス―アクセスの時代』渡辺康雄訳、集英社、2001）〔ジェレミー・リフキン（1943-）アメリカのエコノミスト、文明評論家。テクノロジーが経済、雇用、社会、環境に及ぼす影響を論じる著作を数多く発表している〕。

（2）本文86頁　Naomi Klein, *No Logo*, Londres, Flamingo, 2000（ナオミ・クライン『ブランドなんか、いらない』松島聖子訳、はまの出版、2001）。

（3）本文87頁　André Gorz, *L'Immatériel. Connaissance, valeur et capital*, Galilée, 2003, p.64 *sq.*.

（4）本文87頁　Vance Packard, *La Persuasion clandestine, op.cit.*.

（5）本文96頁　サッカーのワールドカップは1930年に純粋にスポーツという目的のために始まった。しかしそれはテレビの登場に伴い、消費させるための世界規模の行事となった。今日では世界のサッカー関連の年間総売上高は2000億ユーロ〔約32兆円あまり〕に達する。

（6）本文99頁　Sigmund Freud, *Malaise dans la civilisation*, tr.Ch.et J. Odier, PUF, 1992, p.8（ジクムント・フロイト『文化への不安』フロイト著作集３、人文書院、1969）。

（7）本文99頁　Sigmund Freud, *Malaise dans la civilisation, op.cit.* ならびに Sandor Ferenczi, *Thalassa. Psychanalyse des origines de la vie sexuelle*, tr.J.Dupont et M.Viliker, Payot, 1992 を参照。

（8）本文100頁　Max Weber, *L'Éthique protestante et l'Esprit du capitalisme*, Plon, 1964, p.44–47（マックス・ウェーバー『プロテスタンティズムの倫理と資本主義の《精神》』梶山力訳、安藤英治編、未來社、

ズムとは、**まさに欠如／欠陥**なのである。そしてそのようなナルシシズムについては、同書 p. 118–120で語られる「小さなナルシシズム」つまり「小さな差異」に基づくナルシシズムの手前あるいは彼方で思考しなければならないだろう。

（13）本文50頁　Jacques Lacan, “Le stade du miroir” *in Ecrits I*, Le Seuil, 1966, p.90（ジャック・ラカン「〈わたし〉の機能を形成するものとしての鏡像段階」『エクリⅠ』宮本忠雄・竹内ゆう也・高橋徹・佐々木孝次訳、弘文堂、1972）。

（14）本文54頁　Vance Packard, *La Persuasion clandestine*, Calmann-Lévy, 1958（ヴァンス・パッカード『かくれた説得者』林周二訳、パッカード著作集１、ダイヤモンド社、1967）。

（15）本文56頁　Bernard Stiegler, *La Technique et le Temps 3. Le temps du cinéma et la question du mal-être, op.cit*. を参照。

（16）本文59頁　*Le Monde*, 29 août 2003.

（17）本文63頁　そこでの問題は「**われわれ**」というものを構成する「**起源の欠如／根源的欠陥**」というものを考えることであり、それが *La Technique et le Temps 5*（４、５巻は未刊）の恒常的なモティーフとなっている。また本章原註（12）ならびに前掲『象徴の貧困』の第２章「あたかも「われわれ」が欠けているかのように」を参照。

（18）本文74頁　意味をなすもの le signifiant と無意味なもの l’insignifiant の問題については、Bernard Stiegler, *Passer à l’acte*, Galilée, 2003, p.55–59（『現勢化』新評論、2007、93–98頁）を参照。

（19）本文77頁　André Leroi-Gourhan, *Le Geste et la Parole*, t.II, Albin Michel, 1965, p.197.

（20）本文79頁　*Ibid.*, p.200.

（21）本文81頁　*Ibid.*, p.200.

（22）本文83頁　*Ibid.*, p.253.

（10）本文32頁　これはシュレーディンガー〔オーストリアの理論物理学者、1887–1961〕やブリルアン〔フランスの物理学者、1889–1969〕が生物を特徴づけると考えた負のエントロピーのプロセスを凌ぐ。なぜならネゲントロピーは人間の**外**にまで及ぶからであり、それは私が『技術と時間　1. エピメテウスの過ち』で示した人間のエピフィロジェネティックな記憶と、人間の生きる環界を特徴づけるものなのだ。*La Technique et le Temps 1. La faute d'Epiméthée, op.cit.*, p.150–151 ならびに p 183–185.

（11）本文39頁　François Ascher et Francis Godard (dir.), *Modernité : la nouvelle carte du temps*, L'Aube, 2003.

（12）本文49頁　アリストテレス『ニコマコス倫理学』の８巻と９巻はジャン・ローセロワによって仏訳され、『友愛』という題で出版された〔Jean Lauxerois, *L'Amicalité*（未訳）, À propos, 2002〕。そのあとがき「友愛という名において A titre amical」でローセロワは、「今日、欠如というものを自己から自己への絆、可能であるあらゆる共同体のための場として考える」（*L'Amicalité,* p.88）ことの重要性について述べている。さて、この欠如とは、自己ならびに共同体の虚構性という特徴――それがさまざまな歴史／物語を生み出すのだが――において欠けているものである。欠如とは近代哲学が考え損なったものであり、ローセロワはそのことをソフォクレスの『オイディプス王』の仏語訳、そして「文字通り（文の脚）Le pied de la lettre」と題された見事なあとがきにおいて示している（*Œdipe Tyran*, À propos, 2001）。私自身も長い間この欠如／欠陥の問題をあらゆる面から検討しており、*La Technique et le Temps 5*〔未刊〕の副題は、*Le défaut qu'il faut*（不可欠な欠如）となる予定である。ところでローセロワは、**欠如という状態と折り合えないこと**がナルシシズムをもたらすと考えているようであるが（*ibid.,* p.91）、それは彼がナルシシズムというものを通常の意味、つまり一種の病的な状態と捉えているからである。しかし私がここで考えている本源的ナルシシデルMichel Schneiderはデュルンの「死のナルシシズム」について言及している。*in Esprit*, mai 2002ならびに*Le Monde*, 12 novembre 2002. さらにヴァンサン・ドゥ・ゴールジャクVincent de Gaulejacもまた、2003年9月8日にパリ高等商業学校で開催されたシンポジウム《ハイパーモダンな個》において、デュルンの犯罪を分析する大変興味深い発表をおこなっている。

（4）本文24頁　Sigmund Freud, “Psychanalyse et théorie de la libido”, *in Résultats, idées, problèmes*, PUF, 1998, p.67（『精神分析とリビドー理論』高田淑訳、フロイト著作集11、人文書院、1984）。

（5）本文27頁　この「onみんな（世人）」の概念については*La Technique et le Temps 3. Le temps du cinéma et la question du mal-être*, Galilée. 2001, p 155〔ならびに、ベルナール・スティグレール『象徴の貧困』新評論、2006、74-75頁を参照〕。

（6）本文27頁　*La Technique et le Temps 3. Le temps du cinéma et la question du mal-être*, *op. cit.*, 2001, p.138. 取り入れのプロセスは個体化のプロセスと本質を共にする。

（7）本文28頁　規模の経済とは、一つの製品を量産することで生産コストを削減するためのものである。たとえば、試作の段階でコストが100万ユーロに達した車が、規模の経済を実現することで2万ユーロで販売可能になる。しかしその場合、この製品のために世界規模での大衆市場を作り出すことが前提となる。そのために世界中の消費者に〔世界規模での需要をもたらすよう〕圧力をかける消費の組織化が必要になり、かくて消費者たちは、製品を通じて、自分たちの生活様式を同調させていくのである。

（8）本文32頁　このことについては*La Technique et le Temps 1. La faute d'Épiméthée*, Galilée, 1994の冒頭の2章で分析した。

（9）本文32頁　本書の前付け原註（1）を参照。

原　註

前付け

（1）本文18頁　この本は、エディット・ユルゴンとジョゼ・ランドリユの招きに応じて、2002年6月9日にスリジイ・ラ・サル国際文化センターにおいて、《複数の「**私**」複数の「**われわれ**」。市民として共に行動する。未来学Ⅳ》というシンポジウムの基調講演としておこなわれた発表をもとに、それを展開させたものである。このシンポジウムの議事録は Éditions de l'Aube より出版される予定である〔その後、次の本にまとめられ、出版された。Édith Heurgon, Josée Landrieu (dir.), *Des "Nous" et des "Je" qui inventent la cité*, Éditions de l' Aube, 2003〕。

第1章

（1）本文21頁　リシャール・デュルンは2002年3月26日、パリ近郊のナンテール市の市議会員8名を殺害した。デュルンは同28日自殺する。人々はすぐに、カナダでのローティ伍長事件を連想した――ピエール・ルジャンドルがこの事件を分析している。Pierre Legendre, *Le crime du caporal Lortie. Traité sur le père, Leçons VIII*, Fayard, 1989（ピエール・ルジャンドル第Ⅷ講『ロルティ伍長の犯罪―「父」を論じる』西谷修訳、人文書院、1998）。
（2）本文21頁　*Le Monde*, 10 avril 2002.
（3）本文21頁　この問題に関して、別の観点から、ミシェル・シュネー

訳者あとがき

本書は Bernard Stiegler, *Aimer, s'aimer, nous aimer, Du 11 septembre au 21 avril*, Galilée, 2003 の全訳である。

二〇〇二年四月二一日、フランス大統領選挙の第一回投票の結果、極右政党である国民戦線党首のルペンが二位となり、当時の大統領シラクとともに決選投票に進出することが決まった。極右勢力の台頭は今や世界中で見られる現象だとしても、「人権」発祥の国を自負してきたはずのフランスで、人種差別や移民排斥を公言して憚らない候補への票が現職の首相（ジョスパン）への支持を上回ったという事件は、国民のみならず世界中に大きな衝撃——のちに「ルペン・ショック」と呼ばれる——を与えた。そして当事者であるフランス有権者の中でもとりわけ左派の市民たちは、「最悪の事態」を回避するために決選投票で右派のシラクに投票せざるを得なくなり、彼らにとってこの選挙はまさに悪夢のような体験となった。

悪夢といえば、当時は、前年九月一一日のあの同時多発テロ事件の「映像」が、誰の頭の中でも執拗にフラッシュバックを繰り返していた時期である。加えてフランスでは、選挙の直前の三月末に、リシャール・デュルンという青年がパリ近郊のナンテール市議会で銃を乱射し、八名を殺害し一九名を負傷させるという大事件が起こった。こうして半年あまりのあいだに世間を震撼させる事件が立て続けに起こり、フランス社会には底知れぬ不安と閉塞感が漂っていたのである。

スティグレールが本書のもとになった講演をおこなったのは、そのような状況の下であった。凶悪犯罪や極右支持の拡大を、特定の個人や集団が引き起こした例外的事件とみなすのではなく、彼らの苦しみを「われわれ」の世界での証言として配慮し、そこに「われわれ」の病を読み取ろうとしたこの『愛するということ——「自分」を、そして「われわれ」を』は大きな反響を呼び、翌年出版されるとすぐに、哲学書としては異例のベストセラーとなった。同時に、スティグレール自身にとっても二〇〇三年のこの本の出版は、ひとつのターニングポイントとなる。それまでも、デリダの弟子として博士論文を書き、それを『技術と時間』という大著として出版し、大学で教え、ＩＮＡ（国立視聴覚研究所）やＩＲＣＡＭ（音響・音楽研究所）で要職にも就いていた彼は、すでに知る人ぞ知る哲学者ではあったのだが、まさにこの『愛するということ』を皮切りとして、社会や政治の現状に直接言及する著作を立て続けに発表するようになり、その傍ら、マルク・クレポンらと共にArs Industrialisという産業社会の変革をめざす運動体を設立して積極的な活動も繰り広げ、こうしてスティグレールは、二一世紀の「世界」について発言する哲学者として、確固としたポジションを占めるようになっていくのである。

＊　＊　＊

だが「愛する」しかも「自分」を愛するということが、今更哲学のテーマになるのだろうか。そもそも自己愛という言葉はあまり評判がよくない。自分だけを愛し、自分の像に酔いしれるいわゆるナルシストや、自分中心のエゴイストを連想させるからであろう。しかしその反面、今ほど「自分を愛する」ことを誰もが求めてやまない時代もかつてなかったのではないか。一方には、今の自分が「本当の」自分でないことに苦しみ、もっと自分らしく、もっと自己実現を、と自分探しに余念がない人がいる。そして他方には、無理せず背伸びせず「ありのままの」自分を受け入れなくてはと説く人もいる。だがどちらの場合も、愛すべき自分は「ある」か「ない」かのどちらかを前提としているようだ。しかもそれがあるかないかの判断もどうやら「自分」でしなければならないらしい。

本書でスティグレールが繰り返し説いているのは、自分というのは自分に「なる」プロセスなのだ、ということである。プロセスというのは実体ではなく時間的経過であり、「私」とはいつもそのプロセスの「途上」でしかない。しかもその「私」はそれ自身で定義されることはなく、家族や友人、学校、職場、地域などの集団に属し、その中で何らかの役割を担う（あるいは担っていない）ことで、他者によって事後的に認証されるような存在なのだ。したがって「私」というものが機能するためには、その私が属する集団である「われわれ」もまた機能していなければならない。「われわれ」の中で、「われわれ」に共通の財産に与りながら、それをどう特異に運用できるかによって、「私」が他の人とは違う存在であることが明らかになるのである。しかも「私」は複数の集団に属すこともできるため、それぞれのグループ、それぞれの場の要請に応じているうちに、「私」はどんどん一貫性を欠き、ときには互いに矛盾するような幾つもの顔を持つことになるだろう。だがそのさまざまな変化を自分の歴史として何とか話を編集し、綻びを繕いながら物語を紡いでいくことが、「私」の個体化のプロセスなのだ（ところでスティグレール自身の、哲学者に「なる」プロセス――その起源は刑務所での服役というかなり特異な状況なのだが――については『現勢化――哲学という使命』（新評論、二〇〇七）に詳しいので、そちらをご覧いただきたい）。

　ところが現在、その「私」と「われわれ」を成り立たせることが非常に困難になってきているとスティグレールは指摘する。なぜなら今日の市場経済は、世界中の人々の消費活動をシンクロさせることで、グローバルスタンダードの消費者を作り出そうとしているからである。しかも「あなただけのオリジナルな」商品を買いなさいと彼／彼女らをけしかけ、消費単位を「自分」という最小に切りつめさせることで、まさに消費の規模を拡大したのである。加えて購買意欲をかき立てるために、意識の中に自然に滑り込んでくる視聴覚メディアが多用され、商品やライフスタイルについての理想的なイメージが次々と投影されていく。だがこうして消費者が同じような自己像を求め、同じような消費活動を繰り返し、同じ情報に晒され続けていけば、出来上がっていくのは結局、相互に模倣し合う大衆でしかない。そのような世界標準規格という成員の代替可能性を原理とする社会では、他者やそして自分自身の唯一性への敬意が育まれるはずがないのである。

　このように「みんな」の意識がシンクロしていくとき、奪われていくのは「自分」や「他者」や「われわれ」を愛するための時間にほかならない。本書でスティグレールが強調する、文化産業（特にテレビ）がもたらす極度のシンクロニゼーションによって個々の時間を生きることができなくなっていくという傾向は、一見ひどく大袈裟でＳＦじみた仮説と思われるかもしれないが、われわれの過去把持の仕方がテレビによって大きく影響を受けていることは疑いようがない（九月一一日も、ワールドカップのジダンの頭突きも、世界中の人が同じ「映像」的記憶を共有している）。映像とそれに伴うお決まりのコメントによって過去把持が日々規格化されていけば、過去の蓄えをもとに期待（そして不安）の地平を作る未来予持も、やがて画一的なものになっていくだろう。ミヒャエル・エンデの『はてしない物語』の主人公の少年がそうであったように、自分だけの過去が失われていくにつれ、人は欲望することができなくなっていくのである。さらに、未来予持のひとつの働きである、予期しえぬことを待つための注意力も、テレビや広告で過剰に喚起され続けているうちに必然的に疲弊し弱まっていく。携帯を手放さず暮らすと、二四時間「待機」の状態になり、結局本当に「待つ」こと、「待ち焦がれる」ことができなくなるのと同じである。こうなると未来予持は単なる条件反射と化してしまい、そこからは本来の意味での「未来」、つまり予定外なことや例外的なものに開かれそれらを迎え入れるような時間性が生まれてこなくなるのだ。

そもそも高価なハイビジョンや最先端のモバイル機器で、われわれは何を見ているのだろうか。スティグレールがあちこちで引用している例だが、フランスの最大手テレビ局ＴＦ１の社長は『変化に直面する経営者たち』という本に収録されたインタビューで次のように述べたという。

「テレビについてはいろいろな語り方ができる。しかし「ビジネス」という面では、リアリストになろう。基本的には、ＴＦ１の仕事はたとえばコカコーラの製品が売れるようすることだ。〔…〕広告のメッセージがきちんと届くためには、視聴者の脳がそれを受け入れられる状態でなければならない。ＴＦ１の番組の目的は、視聴者の脳が広告を受け入れやすい状態にすること、つまり

ＣＭとＣＭのあいだに娯楽を与え、リラックスさせることである。ＴＦ1がコカコーラに売っているのは、人間の脳の空き時間なのだ」。〔二〇〇四年七月一一―一二日付の『ルモンド』紙の記事より〕

つまり番組のあいだにＣＭがあるのではなく、ＣＭのあいだに番組を見せて、視聴者がＣＭのメッセージを受け取りやすいリラックスした状態に仕向けるのがテレビの役割だ、と社長みずからが明言するのである。クイズ番組などで「答えはＣＭの後」とか「続きは三〇秒後」などというテロップが出ることがよくあるが、あれは番組を見続けさせるためのサスペンス効果を狙っているのではなく、そのままＣＭを見させるのが目的らしい（実際の効果はともかく）。ここでは視聴者はもはや「意識」でさえもなく、ＣＭをキャッチすることのできる「脳の時間」にすぎない。

前述したようにスティグレールは国際運動組織 Ars Industrialis を立ち上げて、毎月パリを始め各地で討論や講演を開き、さまざまな提言を続けているが、この組織の活動の、現在のテーマのひとつがまさに「注意力 attention」である。テレビを始めコンテンツ産業が差し出す時間的商品の在り方が、特に子供たちにとって

「注意力」という社会で生きていくのに欠かせない能力の習得においてどれほど悪影響を及ぼすかが討議されているのである。「テレビを見ると子供が馬鹿になるから、見せてはいけない」というようなレベルの話ではない。テレビやインターネットという記憶の支持体《サポート》、使い方によっては教育に役立つはずのメディアを、専ら視聴者の知力や好奇心を低下させ、未来を投影する能力を縮小させる形でのみ用いることによって、テレビ局や広告代理店や企業が収益を上げている現在の産業の構造そのものを、批判検証しようとしているのである。そしてスティグレールによれば、これはモラルの問題もさることながら、まさに「ビジネス」の面で、産業界にとっても死活問題のはずなのだ。なぜなら今批判をしなければ、このような経済の在り方は、そのシステム自体が必要としている消費者のリビドーを枯渇させてしまうことで、結局は自滅に向かう（確かにテレビはすでに末期症状を呈している）からである。今真の意味でリアリストになるということは、現行の産業システムが持続しうるようなものではないことを見据えて、あたらしい産業のモデル、そして文字通り「文明の利器」と呼ぶにふさわしいような技術のあらたな役割を創出していくことではないのだろうか。

しかし今のところ、産業界そして行政がこのような「構造改革」に乗り出し、そこにリソースを投じる気配はない。二〇〇七年五月六日、フランス新大統領の選挙がおこなわれ、五年前ルペンを支持した人たちの票の多くを吸収するかたちで、ニコラ・サルコジが勝利を収めたが、彼の公約の柱は「治安対策」（移民規制と犯罪者の厳罰化による）と、そして何より「購買力の強化」――まさに目先の利益の追求――であった。だがソクラテスの個体化の継承者としてスティグレールは、市民が自己の福利を優先し「自己の魂への配慮」を怠っていることを憂えるのである。

「〔…〕あらたな存在様態を創ることが必要なのに、ただ生き残るために順応していくプロセスとなり果ててしまい、そこでは存在するということの可能性そのものが消滅し、単に生存するだけで我慢しなければならないのだ。このことを私は象徴の貧困と呼んだのである。人間は〔人間らしく〕存在 exister せずに、ただ生存 subsister するだけという生き方もできるだろう。しかしそれが持続するとは思えない。そのような生き方はすぐさま、個にとっても社会にとっても耐え難くなるだろう。なぜならそれは否応なしに、人間にとっての基となる本源的ナルシシズムを破壊してしまうからである」。(*Mécréance et discrédit 1*, p.30『無信仰と不信1』、強調はスティグレール)

フランスだけでなく日本でも、リストラや、労働条件の悪化や、工場の海外移転や、生活の質の低下など何もかもが、「グローバル経済の中で生き残りをかけて…」という一言で正当化されようとしているが、人間が何世紀ものあいださまざまな技術を開発し、社会制度を改革してきたその果てに、今や「生き残る」ことが第一の目標になってしまったこの惨めさこそ、われわれのナルシシズムの危機を示している。しかし、日々の生活や消費や仕事や教育などを通じ、世界を生きづらくする流れに加担してしまうことに後ろめたさを覚え、それを恥じる気持ちがまだ残っているならば、まずその自己嫌悪から始めて、欠けている愛を希求するしかないであろう。

とはいえ「愛」は無理矢理生み出すことはできない。「愛する」という動詞ほど、命令形になじまないものはないだろう。たとえば移民を排除したり、愛国心の表明の仕方を強制したり、というシンクロニックな動作で「われわれ」を作り出そうとするのは本末転倒である。同質なメンバーだけからなる集団にはもう「私」というものはいなくなってしまうのだから。（人間の、何者にでも「なれる」力を、信頼すると同時に恐れなければならない。人は時には何者でもなくなってしまうことさえあるのだ。）「われわれ」を構築しようとする思い、すなわちフィリアとは、全く異質な他者と公共の空間で言葉を交わし、不調和を微調整しながら折り合い、なんとか共生しようとする意志である（言い換えれば、そのようなあり得ない「われわれ」だからこそ、それを来たるべき「われわれ」として欲望できるのである）。そしてそんな「われわれ」の成員となれるのは、自分の中の矛盾や弱さを引き受け、自身のうちの未知なる他者と辛抱強く付き合えるような「私」たちのみであろう。「愛する」ということは、「自分」との、そして「われわれ」との関係を築くことである（その関係以前には「自分」も「われわれ」もないのだが）。それは、社会の中で時間をかけて育まなければならない「存在のしかた」である。スティグレールの言葉で言えば、「愛するとは、生きる知のもっとも洗練されたかたちなのだAimer est la forme la plus exquise du savoir-vivre」。（*Mécréance et discrédit 2*, p.119

『無信仰と不信2』)

＊　＊　＊

最後に、多忙の合間を縫って日本語版のための序文を寄せてくれたベルナール・スティグレール氏と、いつもチャーミングなメッセージを送ってくれるカロリーヌ夫人に、感謝の意を捧げたい。

そして、今回も訳者のいろいろなわがままを聞き入れつつ、大統領選の結果を待ってからというタイトなスケジュールでの編集を、手際よく進めて下さった新評論の山田洋氏に、心からお礼を申し上げる。

二〇〇七年六月

ガブリエル・メランベルジェ

メランベルジェ　眞紀

非 - 意味 a-signifiance　75, 119

フィリア（友愛）*philia*　49, 54, 63
プシュケ *psyché*　21
文化産業 industrie culturelle　8, 42, 44, 45, 51, 54, 56, 57, 62, 63, 91, 65, 86, 95, 103, 118

補綴物 prothèse　107, 109, 113, 122
本源的（な）ナルシシズム narcissisme primordial　21, 22, 28, 45, 46, 50, 74, 96, 98, 99, 103

ま行

マーケティング marketing　36, 38, 52, 57, 87, 88, 98, 103, 134, 135

未来 avenir　2, 31-4, 39-41, 45, 47, 54, 61, 66, 75, 83, 113, 121, 145, 146, 154, 156
未来予持 protention　69, 90, 113

無(-)意味 insignifiance　74, 75, 119
ムネモテクニック mnémotechnique 26, 54, 55, 111, 121, 153
ムネモテクノロジー mnémotechnologie　26, 118, 135

や行

欲望 désir　11, 47-50, 54, 61, 63, 65, 74, 87, 98, 99, 103, 119, 123, 156

友愛→フィリア

ら行

リビドー（の）libido（libidinal）　4, 6, 10, 24, 48, 54, 60, 68, 69, 76, 80

消費者 consommateur 9, 27, 36, 44, 54, 57, 86, 87, 100, 103
シンクロニー synchronie 64, 65, 67, 93, 138, 146, 152, 153
シンクロニック、シンクロニゼーション synchronique, synchronisation 43, 56, 57, 60, 64, 67, 69, 74, 92, 98, 100, 103, 119, 132, 147, 150
シンボル（象徴）symbole 60, 61, 65

生成 devenir 31-4, 65, 66, 98, 121, 123, 124, 129, 130
前（-）個体的 pré(-)individuel 142, 144, 146
選別 sélection 71, 73, 135

た行
第一次過去把持 rétention primaire 70, 71, 73
第二次過去把持 rétention secondaire 70-3, 82, 88, 136
第三次過去把持 rétention tertiaire 71

超 - 個体的なもの trans-individuel 137

ディアクロニー diachronie 27, 56, 57, 64, 65, 67, 73, 74, 83, 91-3, 98-101, 104, 130, 138, 139, 147, 152
ディアクロニック、ディアクロニゼーション diachronique, diachronisation 56, 57, 67, 69, 74, 93, 102, 103, 132, 152, 153
ディア(-)ボリックな（分(-)裂した）dia(-)bolique 49, 61, 103, 119, 155, 156
ディアボル diabole 61, 65

投影 projection 39, 40, 45, 75, 76
取り入れ（る）adoption（adopter）27, 36, 38-42, 52, 86, 88, 89, 103, 106, 107, 111, 116, 142

な行
ネゲントロピー néguentropie 32, 33, 89, 109

は行
ハイパーインダストリアル（時代）(époque) hyperindustrielle 72, 142
ハイパー細分化（ハイパーセグメンテーション）hypersegmentation 134, 135
ハイパーシンクロニゼーション hyper-synchronisation 56, 57, 60, 64, 83, 121, 130, 132, 133, 156
ハイパーシンボル hypersymbole 61
ハイパーディアクロニゼーション hy-perdiachronisation 56, 57, 60, 61, 156
ハイパーディアボル hyperdiabole 60, 61

事項索引

あ行

愛 amour　22, 49, 54, 103

生きづらさ mal-être　62, 63, 66, 136

イディオム idiome　33, 74, 78

エコロジー（文化の、精神の） écologie　86, 133, 154

エピフィロジュネーズ（エピフィロジェネティック）épiphylogenèse (épiphylogénétique)　110-3, 118, 137, 142, 149, 153

エリス *éris*　130, 131

エントロピー entropie　32, 33, 65, 86, 146

か行

外在化 extériorisation　71, 79, 81, 111, 113, 121

過去把持 rétention　69, 71, 73, 88, 90, 111, 113, 114, 132, 133, 136

起源の欠如／根源的欠陥 défaut d'origine　49, 107

組み合い composition　57, 61, 64, 65, 123, 128

傾向 tendance　21, 27, 60, 64, 65, 67, 116, 123, 127-9, 136, 138, 144

形式化 formalisation　70

現勢化 passer à l'acte　80

個体化（心的、集団的）individuation (psychique, collective)　21, 25, 26, 29, 45, 52, 61, 74, 75, 77, 78, 84, 105, 107, 117, 129, 137-9, 141, 142, 144-7, 153

個体化の衰退 perte d'individuation　20, 29, 32, 76

暦性（暦の運用）calendarité　42-5, 51, 54, 55, 58, 62, 65, 96, 147-9

さ行

時間的（な）商品 objet temporel industriel　67-73, 86, 132, 133

自己愛 amour de soi　4, 22, 23, 28, 103

象徴交換 échange symbolique　79

象徴の貧困 misère symbolique　7, 73-5

消費活動 consommation　9, 27, 28, 29, 36, 55

フッサール、エドマンド（HUSSERL, Edmund） 68-70
ブッシュ、ジョージ・W.（BUSH, George W.） 153
フランクリン、ベンジャミン（FRANKLIN, Benjamin） 100
ブランショ、モーリス（BLANCHOT, Maurice） 29, 112
フロイト、ジクムント（FREUD, Sigmund） 22-5, 48, 67, 87, 99, 109, 149

マ行
マルクス、カール（MARX, Karl） 86, 112, 149

ラ行
ラカン、ジャック（LACAN, Jacques） 22, 23, 50, 119

リフキン、ジェレミー（RIFKIN, Jeremy） 86, 134

ルナン、エルネスト（RENAN Ernest） 38
ルペン、ジャン＝マリー（LE PEN, Jean–Marie） 1
ルロワ＝グーラン、アンドレ（LEROI–GOURHAN, André） 38, 39, 76, 79, 81, 82, 109, 121

人名索引

ア行
アリストテレス（ARISTOTELES） 119, 128

ヴァイスマン、アウグスト（WEISMANN, August） 107-9
ヴァレリー、ポール（VALÉRY Paul） 38

カ行
クライン、ナオミ（KLEIN, Naomi） 86

ゴーダン、ティエリー（GAUDIN, Thierry） 95, 97
ゴルツ、アンドレ（GORZ, André） 87

サ行
サルコジ、ニコラ（SARKOZY, Nicolas） 5, 6, 53

シモンドン、ジルベール（SIMONDON, Gilbert） 105, 129, 130, 137, 142
ジュヴェ、ルイ（JOUVET, Louis） 106

ソシュール、フェルディナン・ドゥ（SAUSSURE, Ferdinand de） 64

タ行
デカルト、ルネ（DESCARTES, René） 123
デュルン、リシャール（DURN, Richard） 3, 4, 20-2, 74, 75, 84, 153

トクヴィル、アレクシス・ドゥ（TOCQUEVILLE, Alexis de） 39

ナ行
ニーチェ、フリードリヒ（NIETZSCHE, Friedrich） 29, 52, 67, 112, 123, 127, 136

ハ行
バーネイ、エドワード（BERNAYS, Edward） 87
ハイデガー、マルティン（HEIDEGGER, Martin） 29, 150, 151
パスカル、ブレーズ（PASCAL, Blaise） 112
パッカード、ヴァンス（PACKARD, Vance） 54, 55, 87

ビン・ラディン、オサマ（bin Ladin, Usama） 153

訳者紹介

ガブリエル・メランベルジェ（Gabriel Mehrenberger）

上智大学教授。専門はフランス現代思想、フランス語文体論。
主要著書：『Le Dico 仏和辞典』（共著、白水社）、『和文仏訳のサスペンス』（共著、白水社）、『新しいヨーロッパ像をもとめて』（共著、同文舘）など。訳書：B. スティグレール『象徴の貧困――1. ハイパーインダストリアル時代』（共訳、新評論）、B. スティグレール『現勢化――哲学という使命』（共訳、新評論）。

メランベルジェ　眞紀（メランベルジェ・まき）

上智大学講師。
上智大学外国語学部フランス語学科卒業、東京都立大学大学院博士課程満期退学、パリ第一大学 DEA 取得（哲学史）。訳書：B. スティグレール『象徴の貧困――1. ハイパーインダストリアル時代』（共訳、新評論）、B. スティグレール『現勢化――哲学という使命』（共訳、新評論）。

愛するということ
――「自分」を、そして「われわれ」を　（検印廃止）

2007年7月31日初版第1刷発行

著　者　ガブリエル・メランベルジェ
メランベルジェ　眞紀

発行者　武　市　一　幸

発行所　株式会社　新　評　論

〒169-0051　東京都新宿区西早稲田3―16―28
http://www.shinhyoron.co.jp

TEL　03（3202）7391
FAX　03（3202）5832
振替　00160-1-113487

定価はカバーに表示してあります
落丁・乱丁本はお取り替えします

装幀　山田英春
印刷　新栄堂
製本　河上製本

ISBN978-4-7948-0743-4　C0036

社会・文明

人文ネットワーク発行のニューズレター**「本と社会」**無料配布中。当ネットワークは，歴史・文化文明ジャンルの書物を読み解き，その成果の一部をニューズレターを通して紹介しながら，これと並行して，利便性・拙速性・広範性のみに腐心する我が国の人文書出版の現実を読者・著訳者・編集者，さらにできれば書店・印刷所の方々とともに考え，変革しようという会です。

B.スティグレール／G.メランベルジェ+メランベルジェ眞紀訳
象徴の貧困
四六　256頁　2730円
ISBN4-7948-0691-4　〔06〕
【1.ハイパーインダストリアル時代】規格化された消費活動、大量に垂れ流されるメディア情報により、個としての特異性が失われている現代人。深刻な社会問題の根源を読み解く。

B.スティグレール／G.メランベルジェ+メランベルジェ眞紀訳
現勢化
四六　140頁　1890円
ISBN978-4-7948-0742-7　〔07〕
【哲学という使命】犯罪という「行為への移行」の後、服役中に哲学の現勢化（可能態から現実態への移行）を開始した著者が20年後の今、自らの哲学的起源を振り返る。

M.クレポン／白石嘉治編訳
付論　桑田禮彰・出口雅敏・クレポン
文明の衝突という欺瞞
四六　228頁　1995円
ISBN4-7948-0621-3　〔04〕
【暴力の連鎖を断ち切る永久平和論への回路】ハンチントンの「文明の衝突」論が前提する文化本質主義の陥穽を鮮やかに剔出。〈恐怖と敵意の政治学〉に抗う理論を構築する。

内橋克人／佐野　誠編
「失われた10年」を超えて――ラテン・アメリカの教訓①
ラテン・アメリカは警告する
四六　356頁　2730円
ISBN4-7948-0643-4　〔05〕
【「構造改革」日本の未来】「新自由主義（ネオリベラリズム）の仕組を見破れる政治知性が求められている」（内橋）。日本の知性 内橋克人と第一線の中南米研究者による待望の共同作業。

白石嘉治・大野英士編
ネオリベ現代生活批判序説
四六　264頁　2310円
ISBN4-7948-0678-7　〔05〕
市場の論理に包摂された我々のオネリベ（ネオリベラリズム）化した日常的感性と、蒙昧なオネリベ的教養を徹底批判。インタビュー＝入江公康、樫村愛子、矢部史郎、岡山茂。

ポール・ヴィリリオ／土屋進訳
情報エネルギー化社会
四六　236頁　2520円
ISBN4-7948-0545-4　〔02〕
【現実空間の解体と速度が作り出す空間】絶対速度が空間と時間を汚染している現代社会（ポスト工業化社会）。そこに立ち現れた仮想現実空間の実相から文明の新局面を開示。

ポール・ヴィリリオ／土屋進訳
瞬間の君臨
四六　220頁　2520円
ISBN4-7948-0598-5　〔03〕
【世界のスクリーン化と遠近法時空の解体】情報技術によって仮想空間が新たな知覚空間として実体化していく様相を，最新の物理学的根拠や権力の介入の面から全面読解！

A.ド・リベラ／阿部一智・永野潤訳
中世知識人の肖像
四六　476頁　4725円
ISBN4-7948-0215-3　〔94〕
本書の意図は，思想史を語る視点を語る所にある。闇の中に閉ざされていた中世哲学と知識人像の源流に光を当てた野心的かつ挑戦的な労作。「朝日」書評にて阿部謹也氏賞賛！

価格税込